从文自传 我这一生

沈从文 著

浙江人民出版社

只 为 优 质 阅 读

好
读

Goodreads

目 录
CONTENTS

《从文自传》附记

我所生长的地方

拿起我这支笔来，想写点我在这地面上二十年所过的日子，所见的人物，所听的声音，所嗅的气味；也就是说我真真实实所受的人生教育，首先提到一个我从那儿生长的边疆僻地小城时，实在不知道怎样来着手就较方便些。我应当照城市中人的口吻来说，这真是一个古怪地方！只由于两百年前满人治理中国土地时，为镇抚与虐杀残余苗族，派遣了一队戍卒屯丁驻扎，方有了城堡与居民。这古怪地方的成立与一切过去，有一部《苗防备览》①记载了些官方文件，但那只是一部枯燥无味的官书。我想把我一篇作品②里所简单描绘过的那个小城，介绍到这里来。这虽然只是一个轮廓，但那地方一切情景，却浮凸起来，仿佛可用手去摸触。

一个好事人，若从一百年前某种较旧一点的地图上去寻找，当可

___

① 《苗防备览》，清严如煜编撰，共22卷。内容记载湘西及贵州铜仁、松桃，四川秀山一带的山川、险要、道路、民俗、兵谋、营制和当地少数民族的有关文献等。
② 指作者的小说《凤子》之"五"，"一个被地图所遗忘的地方 被历史所遗忘的一天"。

在黔北、川东、湘西，一处极偏僻的角隅上，发现了一个名为"镇筸"①
的小点。那里同别的小点一样，事实上应当有一个城市，在那城市中，
安顿下三五千人口。不过一切城市的存在，大部分皆在交通、物产、
经济活动情形下面，成为那个城市枯荣的因缘，这一个地方，却以另
外一个意义无所依附而独立存在。试将那个用粗糙而坚实巨大石头砌
成的圆城，作为中心，向四方展开，围绕了这边疆僻地的孤城，约有
四千到五千的碉堡，五百以上的营汛。碉堡各用大石块堆成，位置在
山顶头，随了山岭脉络蜿蜒各处走去，营汛各位置在驿路上，布置得
极有秩序。这些东西在一百七十年前，是按照一种精密的计划，各保
持相当距离，在周围数百里内，平均分配下来，解决了退守一隅常作
蠢动的边苗叛变的。两世纪来清政府的暴政，以及因这暴政而引起的
反抗，血染赤了每一条官路同每一个碉堡。到如今，一切完事了，碉
堡多数业已毁掉了，营汛多数成为民房了，人民已大半同化了。落日
黄昏时节，站到那个巍然独在万山环绕的孤城高处，眺望那些远近残
毁碉堡，还可依稀想见当时角鼓火炬传警告急的光景。这地方到今日，
已因为变成另外一种军事重心，一切皆用一种迅速的姿势，在改变，
在进步，同时这种进步，也就正消灭到过去一切。

凡有机会追随了屈原溯江而行那条长年澄清的沅水，向上游去的
旅客和商人，若打量由陆路入黔入川，不经古夜郎国，不经永顺龙山，
都应当明白"镇筸"是个可以安顿他的行李最可靠也最舒服的地方。
那里土匪的名称不习惯于一般人的耳朵。兵卒纯善如平民，与人无侮
无扰。农民勇敢而安分，且莫不敬神守法。商人各负担了花纱同货物，
洒脱单独向深山中村庄走去，与平民做有无交易，谋取什一之利。地
方统治者分数种：最上为天神，其次为官，又其次才为村长同执行巫

---

① 镇筸，即今湘西凤凰县县城。

术的神的侍奉者。人人洁身信神，守法爱官。每家俱有兵役，可按月各自到营上领取一点银子，一份米糠，且可从官家领取二百年前被政府所没收的公田耕耨播种。城中人每年各按照家中有无，到天王庙去杀猪，宰羊，磔狗，献鸡，献鱼，求神保佑五谷的繁殖，六畜的兴旺，儿女的长成，以及做疾病婚丧的禳解。人人皆很高兴担负官府所分派的捐款，又自动做捐钱与庙祝或单独执行巫术者。一切事保持一种淳朴习惯，遵从古礼；春秋二季农事起始与结束时，照例有年老人向各处人家敛钱，给社稷神唱木傀儡戏。旱暵祈雨，便有小孩子共同抬了活狗，带上柳条，或扎成草龙，各处走去。春天常有春官，穿黄衣各处念农事歌词。岁暮年末居民便装饰红衣傩神于家中正屋，捶大鼓如雷鸣，苗巫穿鲜红如血衣服，吹镂银牛角，拿铜刀，踊跃歌舞娱神。城中的住民，多当时派遣移来的戍卒屯丁，此外则有江西人在此卖布，福建人在此卖烟，广东人在此卖药。地方由少数读书人与多数军官，在政治上与婚姻上两面的结合，产生一个上层阶级，这阶级一方面用一种保守稳健的政策，长时期管理政治，一方面支配了大部分属于私有的土地；而这阶级的来源，却又仍然出于当年的戍卒屯丁。地方城外山坡上产桐树杉树，矿坑中有朱砂水银，松林里生菌子，山洞中多硝。城乡全不缺少勇敢忠诚适于理想的兵士，与温柔耐劳适于家庭的妇人。在军校阶级厨房中，出异常可口的菜饭，在伐树砍柴人口中，出热情优美的歌声。

地方东南四十里接近大河，一道河流肥沃了平衍的两岸，多米，多橘柚。西北二十里后，即已渐入高原，近抵苗乡，万山重叠，大小重叠的山中，大杉树以长年深绿逼人的颜色，蔓延各处。一道小河从高山绝涧中流出，汇集了万山细流，沿了两岸有杉树林的河沟奔驶而过，农民各就河边编缚竹子做成水车，引河中流水，灌溉高处的山田。河水长年清澈，其中多鳜鱼、鲫鱼、鲤鱼，大的比人脚板还大。河岸上那些人家里，常常可以见到白脸长身见人善作媚笑的女子。小河水流环绕"镇筸"北城下驶，到一百七十里后方汇入辰河，直抵洞庭。

这地方又名凤凰厅，到民国后便改成了县治，名凤凰县。辛亥革命后，湘西镇守使与辰沅道皆驻节在此地。地方居民不过五六千，驻防各处的正规兵士却有七千。由于环境的不同，直到现在其地绿营兵役制度尚保存不废，为中国绿营军制唯一残留之物。

我就生长在这样一个小城里，将近十五岁时方离开。出门两年半回过那小城一次以后，直到现在为止，那城门我还不再进去过。但那地方我是熟习的。现在还有许多人生活在那个城市里，我却常常生活在那个小城过去给我的印象里。

我的家庭

咸同之季，中国近代史极可注意之一页，曾左胡彭①所领带的湘军部队中，筸军有个相当的位置。统率筸军转战各处的是一群青年将校，最著名的为田兴恕。当时同伴数人，年在二十以内，同时得到清政府提督衔的仿佛有四位，其中有一沈洪富②，便是我的祖父。这青年军官二十二岁左右时，便曾做过一度云南昭通镇守使。同治二年又做过贵州总督，到后因创伤回到家中，终于便在家中死掉了。这青年军官死去时，所留下的一份光荣与一份产业，使他后嗣在本地方占了一个优越的地位。

　　就由于存在本地军人口中那一份光荣，引起了后人对军人家世的骄傲，我的父亲生下地时，祖母所期望的事，是家中再来一个将军。家中所期望的并不曾失望，自体魄与气度两方面说来，我爸爸生来就不缺少一个将军的风仪。硕大、结实、豪放、爽直，一个将军所必需的种种本色，爸爸无不兼备，爸爸十岁左右时，家中就为他请了武术

---

　　① 曾左胡彭，指曾国藩、左宗棠、胡林翼、彭玉麟。下文"筸军"，指湘军中以镇筸人为主体组成的军队。

　　② 沈洪富，即沈宏富，实为贵州提督。

教师同老塾师，学习做将军所不可少的技术与学识。但爸爸还不曾成名以前，我的祖母却死去了。那时正是庚子联军入京的第三年。当庚子年大沽失守，镇守大沽的罗提督①自尽殉职时，我的爸爸便正在那里做他身边一员裨将。那次战争据说毁去了我家中产业的一大半。由于爸爸的爱好，家中一些较值钱的宝货常放在他身边，这一来便完全失掉了。战事既已不可收拾，北京失陷后，爸爸回到了家乡。第三年祖母死去。祖母死时我刚活到这世界上四个月。那时我头上已经有两个姐姐，一个哥哥。没有庚子的拳乱，我爸爸不会回来，我也不会存在。关于祖母的死，我仿佛还依稀记得我被谁抱着在一个白色人堆里转动，随后还被搁到一个桌子上去。我家中自从祖母死后十余年内不曾死去一人，若不是我在两岁以后做梦，这点影子便应当是那时唯一的记忆。

我的兄弟姊妹共九个，我排行第四，除去幼年殇去的姊妹，现在生存的还有五个，计兄弟姊妹各一，我应当在第三。

我的母亲姓黄②，年纪极小时就随同我一个舅父在军营中生活，所见事情很多，所读的书也似乎较爸爸读的稍多。我等兄弟姊妹的初步教育，便全是这个瘦小、机警、富于胆气与常识的母亲担负的。我的教育得于母亲的不少，她告我认字，告我认识药名，告我决断——做男子极不可少的决断。我的气度得于父亲影响的较少，得于妈妈的也较多。

---

① 罗提督，即当时的天津总兵罗荣光。沈从文之父沈宗嗣曾跟随他驻守大沽口炮台。
② 沈从文之母姓黄名英。

我读一本小书同时又读一本大书

我能正确记忆到我小时的一切，大约在两岁。我从小到四岁左右，始终健全肥壮如一只小豚。四岁时母亲一面告给我认方字，外祖母一面便给我糖吃，到认完六百生字时，腹中生了蛔虫，弄得黄瘦异常，只得每天用草药蒸鸡肝当饭。那时节我即已跟随了两个姊姊，到一个女先生处上学。那人既是我的亲戚，我年龄又那么小，过那边去念书，坐在书桌边读书的时节较少，坐在她膝上玩的时间或者较多。

　　到六岁时我的弟弟方两岁，两人同时出了疹子，时正六月，日夜皆在吓人高热中受苦，又不能躺下睡觉，一躺下就咳嗽发喘，又不要人抱，抱时全身难受，我还记得我同我那弟弟两人当时皆用竹簟卷好，同春卷一样，竖立在屋中阴凉处。家中人当时业已为我们预备了两具小小棺木；搁在院中廊下，但十分幸运，两人到后居然全好了。我的弟弟病后雇请了一个壮实高大的苗妇人照料，照料得法，他便壮大异常。我因此一病，却完全改了样子，从此不再与肥胖为缘了。

　　六岁时我已单独上了私塾。如一般风气，凡是私塾中给予小孩子的虐待，我照样也得到了一份。但初上学时我因为在家中业已认字不少，记忆力从小又似乎特别好，故比较其余小孩，可谓十分幸福。第二年后换了一个私塾，在这私塾中我跟从了几个较大的学生，学会了顽劣孩子抵抗顽固塾师的方法，逃避那些书本去同一切自然相亲近。这一年的生活形成了我一生性格与感情的基础。我间或逃学，且一再说谎，掩饰我逃学应受的处罚。我的爸爸因这件事十分愤怒，有一次竟说若再逃学说谎，便当实行砍去我一个手指。我仍然不为这话所恐吓，机会一来时总不把逃学的机会轻轻放过。当我学会了用自己眼睛看世界一切，到一切生活中去生活时，学校对于我便已毫无兴味可言了。

我爸爸平时本极爱我，我曾经有一时还做过我那一家的中心人物。稍稍害点病时，一家人便光着眼睛不即睡眠，在床边服侍我，当我要谁抱时谁就伸出手来。家中那时经济情形很好，我在物质方面所享受到的，比起一般亲戚小孩似乎皆好得多。我的爸爸既一面只做将军的好梦，一面对于我却怀了更大的希望。他仿佛早就看出我不是个军人，不希望我做将军，却告给我祖父的许多勇敢光荣的故事，以及他庚子年间所得的一份经验。他以为我不拘做什么事，总之应比做个将军高些。第一个赞美我明慧的就是我的爸爸。可是当他发现了我成天从塾中逃出到太阳底下同一群小流氓游荡，任何方法都不能拘束这颗小小的心，且不能禁止我狡猾的说谎时，我的行为实在伤了这个军人的心。同时那小我四岁的弟弟，因为看护他的苗妇人照料十分得法，身体养育得强壮异常，年龄虽小，便显得气派宏大，凝静结实，且极自尊自爱，故家中人对我感到失望时，对他便异常关切起来。这小孩子到后来也并不辜负家中人的期望，二十二岁时便做了步兵上校。至于我那个爸爸，却在蒙古、东北、西藏，各处军队中混过，民国二十年时还只是一个上校，把将军希望留在弟弟身上，在家乡从一种极轻微的疾病中便瞑目了。

我有了外面的自由，对于家中的爱护反觉处处受了牵制，因此家中人疏忽了我的生活时，反而似乎使我方便了一些。领导我逃出学塾，尽我到日光下去认识这大千世界微妙的光，稀奇的色，以及万汇百物的动静，这人是我一个张姓表哥。他开始带我到他家中橘柚园中去玩，到各处山上去玩，到各种野孩子堆里去玩，到水边去玩。他教我说谎，用一种谎话对付家中，又用另一种谎话对付学塾，引诱我跟他各处跑去。即或不逃学，学塾为了担心学童下河洗澡，每度中午散学时，照例必在每人手心中用朱笔写一大字，我们尚依然能够一手高举，把身体泡到河水中玩个半天，这方法也亏那表哥想出的。我感情流动而不凝固，一派清波给予我的影响实在不小。我幼小时较美丽的生活，大部分都与水不能分离。我的学校可以说是在水边的。我认识美，学会思索，水对我有极大的关系。我最初与水接近，便是那荒唐表哥领带的。

现在说来，我在做孩子的时代，原本也不是个全不知自重的小孩子。我并不愚蠢。当时在一班表兄弟中和弟兄中，似乎只有我那个哥哥比我聪明，我却比其他一切孩子解事。但自从那表哥教会我逃学后，我便成为毫不自重的人了。在各样教训各样方法管束下，我不欢喜读书的性情，从塾师方面，从家庭方面，从亲戚方面，莫不对于我感觉得无多希望。我的长处到那时只是种种的说谎。我非从学塾逃到外面空气下不可，逃学过后又得逃避处罚，我最先所学，同时拿来致用的，也就是根据各种经验来制作各种谎话。我的心总得为一种新鲜声音，新鲜颜色，新鲜气味而跳。我得认识本人生活以外的生活。我的智慧应当从直接生活上得来，却不需从一本好书一句好话上学来。似乎就只这样一个原因，我在学塾中，逃学纪录点数，在当时便比任何一人都高。

离开私塾转入新式小学时，我学的总是学校以外的，到我出外自食其力时，我又不曾在我职务上学好过什么。二十年后我"不安于当前事务，却倾心于现世光色，对于一切成例与观念皆十分怀疑，却常常为人生远景而凝眸"，这份性格的形成，便应当溯源于小时在私塾中的逃学习惯。

自从逃学成为习惯后，我除了想方设法逃学，什么也不再关心。

有时天气坏一点，不便出城上山里去玩，逃了学没有什么去处，我就一个人走到城外庙里去，那些庙里总常常有人在殿前廊下绞绳子，织竹簟，做香，我就看他们做事。有人下棋，我看下棋。有人打拳，我看打拳。甚至于相骂，我也看着，看他们如何骂来骂去，如何结果。因为自己既逃学，走到的地方必不能有熟人，所到的必是较远的庙里。到了那里，既无一个熟人，因此什么事皆只好用耳朵去听，眼睛去看，直到看无可看听无可听时，我便应当设计打量我怎么回家去的方法了。

来去学校我得拿一个书篮。逃学时还把书篮挂到手肘上，这就未免太蠢了一点。凡这么办的可以说是不聪明的孩子。许多这种小孩子，因为逃学到各处去，人家一见就认得出，上年纪一点的人见到时就会说：逃学的人，你赶快跑回家挨打去，不要在这里玩。若无书篮可不必受这种教训。因此我们就想出了一个方法，把书篮寄存到一个土地庙里去，那地方无一个人看管，但谁也用不着担心他的书篮。小孩子对于土地神全不缺少必需的敬畏，都信托这木偶，把书篮好好的藏到神座龛子里去，常常同时有五个或八个，到时却各人把各人的拿走，谁也不会乱动旁人的东西。我把书篮放到那地方去，次数是不能记忆了的，照我想来，搁的最多的必定是我。

逃学失败被家中学校任何一方面发觉时，两方面总得各挨一顿打，在学校得自己把板凳搬到孔夫子牌位前，伏在上面受笞。处罚过后还要对孔夫子牌位作一揖，表示忏悔。有时又常常罚跪至一根香时间。我一面被处罚跪在房中的一隅，一面便记着各种事情，想象恰如生了一对翅膀，凭经验飞到各样动人事物上去。按照天气寒暖，想到河中的鳜鱼被钓起离水以后拨剌的情形，想到天上飞满风筝的情形，想到空山中歌呼的黄鹂，想到树木上累累的果实。由于最容易神往到种种屋外东西上去，反而常把处罚的痛苦忘掉，处罚的时间忘掉，直到被唤起以后为止，我就从不曾在被处罚中感觉过小小冤屈。那不是冤屈。我应感谢那种处罚，使我无法同自然接近时，给我一个练习想象的机会。

家中对这件事自然照例不大明白情形，以为只是教师方面太宽的过失，因此又为我换一个教师。我当然不能在这些变动上有什么异议。现在说来我倒又得感谢我的家中，因为先前那个学校比较近些，虽常常绕道上学，终不是个办法，且因绕道过远，把时间耽误太久时，无可托词。现在的学校可真很远很远了，不必包绕偏街，我便应当经过许多有趣味的地方了。从我家中到那个新的学塾里去时，路上我可看到针铺门前永远必有一个老人戴了极大的眼镜，低下头来在那里磨针。又可看到一个伞铺，大门敞开，做伞时十几个学徒一起工作，尽人欣赏。又有皮靴店，大胖子皮匠天热时总腆出一个大而黑的肚皮（上面有一撮毛！）用夹板上鞋。又有剃头铺，任何时节总有人手托一个小小木盘，呆呆地在那里尽剃头师傅刮头。又可看到一家染坊，有强壮多力的苗人，踹在凹形石碾上面，站得高高的，偏左偏右的摇荡。又有三家苗人打豆腐的作坊，小腰白齿头包花帕的苗妇人，时时刻刻口上都轻声唱歌，一面引逗缚在身背后包单里的小苗人，一面用放光的铜勺舀取豆浆。我还必需经过一个豆粉作坊，远远的就可听到骡子推磨隆隆的声音，屋顶棚架上晾满白粉条。我还得经过一些屠户肉案桌，可看到那些新鲜猪肉砍碎时尚在跳动不止。我还得经过一家扎冥器出租花轿的铺子，有白面无常鬼、蓝面魔鬼、鱼龙、轿子、金童玉女，每天且可以从他那里看出有多少人接亲，有多少冥器，那些定做的作品又成就了多少，换了些什么式样，并且还常常停顿一两分钟，看他们贴金、敷粉、涂色。

我就欢喜看那些东西，一面看一面明白了许多事情。

每天上学时，照例手肘上挂了那个竹篮，里面放两本破书，在家中虽不敢不穿鞋，可是一出了大门，即刻就把鞋脱下拿到手上，赤脚向学校走去。不管如何，时间照例是有多余的，因此我总得绕一节路玩玩。若从西城走去，在那边就可看到牢狱，大清早若干人从那方面戴了脚镣从牢中出来，派过衙门去挖土。若从杀人处走过，昨天杀的人还不收尸，一定已被野狗把尸首咋碎或拖到小溪中去了，就走过去看看那个糜碎了的尸体，或拾起一块小小石头，在那个污秽的头颅上敲打一下，或用一木棍去戳戳，看看会动不动。若还有野狗在那里争夺，就预先拾了许多石头放在书篮里，随手一一向野狗抛掷，不再过去，只远远的看看，就走开了。

既然到了溪边，有时候溪中涨了小小的水，就把裤管高卷，书篮顶在头上，一只手扶书篮一只手照料裤子，在沿了城根流去的溪水中走去，直到水深齐膝处为止。学校在北门，我出的是西门，又进南门，再绕从城里大街一直走去。在南门河滩方面我还可以看一阵杀牛，机会好时恰好正看到那老实可怜畜生放倒的情形。因为每天可以看一点点，杀牛的手续同牛内脏的位置不久也就被我完全弄清楚了。再过去一点就是边街，有织簟子的铺子，每天任何时节皆有几个老人坐在门前用厚背的钢刀破篾，有两个小孩子蹲在地上织簟子。（这种事情在学校门边也有，我对于这一行手艺，所明白的种种，现在说来似乎比写字还在行。）又有铁匠铺，制铁炉同风箱皆占据屋中，大门永远敞开着，时间即或再早一些，也可以看到一个小孩子两只手拉着风箱横柄，把整个身子的分量前倾后倒，风箱于是就连续发出一种吼声，火炉上便放出一股臭烟同红光。待到把赤红的热铁拉出搁放到铁砧上时，这个小东西，赶忙舞动细柄铁锤，把铁锤从身背后扬起，在身面前落下，火花四溅的一下一下打着。有时打的是一把刀，有时打的是一件农具。有时看到的又是用一把凿子在未淬水的刀上起去铁皮，有时又是把一条薄薄的钢片嵌进熟铁里去。日子一多，关于任何一件机器的制造秩序我也不会弄错了。边街又有小饭铺，门前有个大竹筒，插满了用竹子削成的筷子，有干鱼同酸菜，用钵头装满放在门前柜台上，引诱主顾上门，意思好像是说："吃我，随便吃我，好吃！"每次我总仔细看看，真所谓过屠门而大嚼。

我最欢喜天上落雨，一落了小雨，若脚下穿的是布鞋，即或天气正当十冬腊月，我也可以用恐怕湿却鞋袜为辞，有理由即刻脱下鞋袜赤脚在街上走路。但最使人开心事，还是落过大雨以后，街上许多地方已被水所浸没，许多地方阴沟中涌出水来，在这些地方照例常常有人不能过身，我却赤着两脚故意向深水中走去。若河中涨了点水，照例上游会漂流得有木头、家具、南瓜同其他东西，就赶快到横跨大河的桥上去看热闹。桥上必已经有人用长绳系了自己的腰身，在桥头上待着，注目水中，有所等待，看到有一段大木或一件值得下水的东西浮来时，就踊身一跃，骑到那树上，或傍近物边，把绳子缚定，自己便快快的向下游岸边洄去。另外几个在岸边的人把水中人援助上岸后，就把绳子拉着，或缠绕到大石上大树上去，于是第二次又有第二人来在桥头上等候。我欢喜看人在洄水里扳罾，巴掌大的活鱼在网中蹦跳。一涨了水照例也就可以看这种有趣味的事情。照家中规矩，一落雨就得穿上钉鞋，我可真不愿意穿那种笨重钉鞋。虽然在半夜时有人从街巷里过身，钉鞋声音实在好听，大白天对于钉鞋我依然毫无兴味。

若在四月落了点小雨，山地里田塍上各处皆是蟋蟀声音，真使人心花怒放。在这些时节，我便觉得学校真没有意思，简直坐不住，总得想方设法逃学上山去捉蟋蟀。有时没有什么东西安置这小东西，就走到那里去，把第一只捉到手后又捉第二只，两只手各有一只后，就听第三只。本地蟋蟀原分春秋二季，春季的多在田间泥里草里，秋季的多在人家附近石罅里瓦砾中，如今既然这东西只在泥层里，故即或两只手心各有一匹小东西后，我总还可以想方设法把第三只从泥土中赶出，看看若比较手中的大些，即开释了手中所有，捕捉新的，如此轮流换去，一整天方捉回两只小虫。城头上有白色炊烟，街巷里有摇铃铛卖煤油的声音，约当下午三点时，赶忙走到一个刻花板的老木匠那里去，很兴奋的同那木匠说：

"师傅师傅，今天可捉了大王来了！"

那木匠便故意装成无动于中的神气，仍然坐在高凳上玩他的车盘，正眼也不看我的说："不成，要打打得赌点输赢！"

我说："输了替你磨刀成不成？"

"嘿，够了，我不要你磨刀，上次磨凿子还磨坏了我的家伙！"

这不是冤枉我的一句话，我上次的确磨坏了他的一把凿子。不好意思再说磨刀了，我说：

"师傅，那这样办法，你借给我一个瓦盆子，让我自己来试试这两只谁能干些好不好？"我说这话时真怪和气，为的是他以逸待劳，不允许我还是无办法。

那木匠想了想，好像莫可奈何的样子："借盆子得把战败的一只给我，算作租钱。"

我满口答应："那成那成。"

于是他方离开车盘，很慷慨的借给我一个泥罐子，顷刻之间我也就只剩下一只蟋蟀了。这木匠看看我捉来的虫还不坏，必向我提议："我们来比比，你赢了，我借你这泥罐一天；你输了，你把这蟋蟀输给我，办法公平不公平？"我正需要那么一个办法，连说公平公平，于是这木匠进去了一会儿，拿出一只蟋蟀来同我一斗，不消说，三五回合我的自然又败了。他用的蟋蟀照例却常常是我前一天输给他的。那木匠看看我有点颓丧，明白我认识那匹小东西，担心我生气时一摔，一面赶忙收拾盆罐，一面带着鼓励我神气笑笑的说：

"老弟，老弟，明天再来，明天再来！你应当捉好的来，走远一点。明天来，明天来！"

我什么话也不说，微笑着，出了木匠的大门，回家了。

这样一整天在为雨水泡软的田塍上乱跑，回家时常常全身是泥，家中当然一望而知，于是不必多说，沿老例跪一根香，罚关在空房子里，不许哭，不许吃饭。等一会儿我自然可以从姊姊方面得到充饥的东西，悄悄的把东西吃下以后，我也疲倦了，因此空房中即或再冷一点，老鼠来去很多，一会儿就睡着，再也不知道如何上床的事了。

即或在家中那么受折磨，到学校去时又免不了补挨一顿板子，我还是在想逃学时就逃学，决不为经验所恐吓。

有时逃学又只是到山上去偷人家园地里的李子枇杷，主人拿着长长的竹杆子大骂着追来时，就飞奔而逃，逃到远处一面吃那个赃物，一面还唱山歌气那主人。总而言之，人虽小小的，两只脚跑得很快，什么茨棚里钻去也不在乎，要捉我可捉不到，就认为这种事很有趣味。

可是只要我不逃学，在学校里我是不至于像其他那些人受处罚的。我从不用心念书，但我从不在应当背诵时节无法对付。许多书总是临时来读十遍八遍，背诵时节却居然琅琅上口，一字不遗。也似乎就由于这份小小聪明，学校把我同一般人的待遇，更使我轻视学校。家中不了解我为什么不想上进，不好好的利用自己聪明用功，我不了解家中为什么只要我读书，不让我玩。我自己总以为读书太容易了点，把认得的字记记那不算什么稀奇。最稀奇处应当是另外那些人，在他那份习惯下所做的一切事情。为什么骡子推磨时得把眼睛遮上？为什么刀得烧红时在水里一淬方能坚硬？为什么雕佛像的会把木头雕成人形，所贴的金那么薄又用什么方法做成？为什么小铜匠会在一块铜板上钻那么一个圆眼，刻花时刻得整整齐齐？这些古怪事情太多了。

我生活中充满了疑问，都得我自己去找寻答解。我要知道的太多，所知道的又太少，有时便有点发愁。就为的是白日里太野，各处去看，各处去听，还各处去嗅闻：死蛇的气味，腐草的气味，屠户身上的气味，烧碗处土窑被雨以后放出的气味，要我说来虽当时无法用言语去形容，要我辨别却十分容易。蝙蝠的声音，一只黄牛当屠户把刀刺进它喉中时叹息的声音，藏在田塍土穴中大黄喉蛇的鸣声，黑暗中鱼在水面泼剌的微声，全因到耳边时分量不同，我也记得那么清清楚楚。因此回到家里时，夜间我便做出无数稀奇古怪的梦。这些梦直到将近二十年后的如今，还常常使我在半夜里无法安眠，既把我带回到那个"过去"的空虚里去，也把我带往空幻的宇宙里去。

在我面前的世界已够宽广了，但我似乎就还得一个更宽广的世界。我得用这方面弄到的知识证明那方面的疑问。我得从比较中知道谁好谁坏。我得看许多业已由于好询问别人，以及好自己幻想，所感觉到的世界上的新鲜事情，新鲜东西。结果能逃学我逃学，不能逃学我就只好做梦。

照地方风气说来，一个小孩子野一点的照例也必须强悍一点，因此各处方能跑去。各处跑去皆随时会有一样东西在无意中扑到你身边来，或是一只凶恶的狗，或是一个顽劣的人。无法抵抗这点袭击，就不容易各处自由放荡。一个野一点的孩子，即或身边不必时刻刻带一把小刀，也总得带一削光的竹块，好好的插到裤带上；遇机会到时，就取出来当作军器，尤其是到一个离家较远的地方去看木傀儡戏，不准备厮杀一场简直不成。你能干点，单身往处去，有人挑战时还只是一人近你身边来恶斗，若包围到你身边的顽童人数极多，你还可挑选同你精力不大相差的一人；你不妨指定其中之一个说：

"要打吗？你来。我同你来。"

到时也只那一个人拢来，被他打倒，你活该，只好伏在地上尽他压着痛打一顿。你打倒了他，他活该，你把他揍够后你当时可以自由走去，谁也不会追你，只不过说句"下次再来"罢了。

可是你根本上若就十分怯弱？即或结伴同行，到什么地方去时，也会有人特意挑出你来殴斗，应战你得吃亏，不答应你得被仇人与同伴两方面奚落，顶不经济。

感谢我那爸爸给了我一份勇气，人虽小，到什么地方去我总不吓怕。到被人围上必需打架时，我能挑出那些同我不差多少的人来，我的敏捷同机智，总常常占点上风。有时气运不佳，无意中被人摔倒，我还会有方法翻身过来压到别人身上去。在这件事上我只吃过一次亏，不是一个小孩，却是一只恶狗，把我攻倒后，咬伤了我一只手。我走到任何地方去皆不怕谁，同时又换了好些私塾，各处皆有些同学，并且互相皆逃过学，便有无数朋友，因此也不会同人打架了。可是自从被那只恶狗攻过一次以后，到如今我却依然十分怕狗。

至于我那地方的大人，用单刀在大街上决斗本不算回事。事情发生时，那些有小孩子在街上玩的母亲，也不过说："小杂种，站远一点，不要太近！"嘱咐小孩子稍稍站开点儿罢了。但本地军人互相砍杀虽不出奇，行刺暗算却不作兴。这类善于殴斗的人物，在当地另成一组，豁达大度，谦卑接物，为友报仇，爱义好施，且多非常孝顺。但这类人物为时代所陶冶，到民国五年以后也就渐渐消灭了，虽有些青年军官还保存那点风格，风格中最重要的一点洒脱处，却为了军纪一类影响，大不如前辈了。

我有三个堂叔叔，皆住在城南乡下，离城四十里左右。那地方名黄罗寨，出强悍的人同猛鸷的兽，我爸爸三岁时在那里差一点险被老虎咬去，我四岁左右，到那里第一天，就看见乡下人抬了一只死虎进城，给我留下极深刻的印象。

我还有一个表哥，住在城北十里地名长宁哨的乡下，从那里再过十里便是苗乡。表哥是一个紫色脸膛的人，一个守碉堡的战兵。我四岁时被他带到乡下去过了三天，二十年后还记得那个小小城堡黄昏来时鼓角的声音。

这战兵在苗乡有点势力，很能喊叫一些苗人。每次来城时，必为我带一只小鸡或一点别的东西。一来为我说苗人故事，临走时我总不让他走。我欢喜他，觉得他比乡下叔父有趣。

辛亥革命的一课

有一天我那表哥又从乡下来了，见了他使我非常快乐。我问他那些水车，那些碾坊，又问他许多我在乡下所熟悉的东西。可是我不明白，这次他竟不大理我，不大同我亲热。他只成天出去买白带子，自己买了许多不算，还托我四叔买了许多。家中搁下两担白带子，还说不大够用。他同我爸爸又商量了很多事情，我虽听到却不很懂是什么意思。其中一件便是把三弟同大哥派阿妳①送进苗乡去，把我大姊二姊送过表哥乡下那山洞里去。爸爸即刻就遵照表哥的计划办去，母亲当时似乎也承认这么办较安全方便。在一种迅速处置下，四人当天离开家中同表哥上了路。表哥去时挑了一担白带子，我疑心他想开一个铺子，方用得着这样多带子。

　　当表哥一行人众动身时，爸爸问表哥"明夜来不来？"那一个就回答说："不来，怎么成事？我的事还多得很！"

　　我知道表哥的许多事中，一定有一件事是为我带那匹花公鸡，那是他早先答应过我的。因此就插口说：

---

　　① 阿妳，苗语"大姐"的意思。

"你来，可别忘记答应我那个东西！"

当我两个姊姊一个哥哥一个弟弟同那苗妇人躲进苗乡时，我爸爸问我：

"你怎么样？跟阿妳进苗乡去，还是跟我在城里？"

"什么地方热闹些？"我意思只是向热闹处走。

"不要这样问，我明白你的意思，你要在城里看热闹，就留下来莫过苗乡吧。"

听说同我爸爸留在城里，我真欢喜。我记得分分明明，第二天晚上，叔父红着脸在灯光下磨刀的情形，真十分有趣。一时走过仓库边看叔父磨刀，一时又走到书房去看我爸爸擦枪。家中人既走了不少，忽然显得空阔许多，我平时似乎胆量很小，到这天也不知道吓怕了。我不明白行将发生什么事情，但却知道有一件很重要的新事快要发生。我满屋各处走去，又傍近爸爸听他们说话，他们每个人脸色都不同往常安详，每人说话皆结结巴巴。几个人一面检查枪支，一面又常常互相来一个莫名其妙的微笑，我也就跟着他们微笑。

我看到他们在日光下做事，又看到他们在灯光下商量，那长身叔父一会儿跑出门去，一会儿又跑回来悄悄的说一阵，我装作不注意的神气，算计到他出门的次数。这一天他一共出门九次，到最后一次出门时，我跟他身后走出到屋廊下，我说：

"四叔，怎么的，你们是不是预备杀仗？"

"咄，你这小东西，还不去睡，回头要猫儿吃你。"

于是我便被一个丫头拖到上边屋里去，把头伏到母亲腿上，一会儿就睡了。

这一夜中城里城外发生的事我全不清楚。等到我照常醒来时，只见全家中各个人皆脸儿白白的，在那里悄悄的说些什么。大家问我昨夜听到什么没有，我只是摇头。我家中似乎少了几个人，数了一下，几个叔叔全不见了，男的只我爸爸一个人，坐在他那唯一专利的太师椅上，低下头来一句话不说。我记起了杀仗的事情，我问他：

"爸爸，爸爸，你究竟杀过仗了没有？"

"小东西，莫乱说，夜来我们杀败了！全军人马覆灭，死了几千人！"

正说着，高个儿叔父从外面回来了，满头是汗，结结巴巴的说：衙门从城边已经抬回了四百一十个人头，一大串耳朵，七架云梯，一些刀，一些别的东西。对河还杀得更多，烧了七处房子，现在还不许上城去看。

爸爸听说有四百个人头，就向叔父说：

"你快去看看，躭韩在里边没有。赶快去，赶快去。"

躭韩就是我那黑而且胖的表兄，我明白他昨天晚上也在城外杀仗后，心中十分关切。听说衙门口有那么多人头，还有一大串人耳朵，正与我爸爸平时为我说到的杀长毛故事相合，我又欢乐又吓怕，兴奋得脸白白的，简直不知道怎么办。洗过了脸，我方走出房门，看看天气阴阴的，像要落雨的神气，一切皆很黯淡。街口平常照例可以听到卖糕人的声音，以及各种别的叫卖声音，今天却异常清静，似乎过年一样。我想得到一个机会出去看看，我最关心的是那些我从不曾摸过的人头。一会儿，我的机会便来了，长身四叔跑回来告我爸爸，人头里没有躭韩的头。且说衙门口人多着，街上铺子皆奉令开了门，张家老爷也上街看热闹了。因此我爸爸便问我：

"小东西，怕不怕人头，不怕就同我出去。"

"不，我想看看人头。"

于是我就在道尹衙门口平地上看到了一大堆肮脏血污人头，还有衙门口鹿角上、辕门上，也无处不是人头。从城边取回的几架云梯，全用新竹子做成（就是把这新从山中砍来的竹子，横横的贯了许多木棍）。云梯木棍上也悬挂许多人头，看到这些东西我实在稀奇，我不明白为什么要杀那么多人。我不明白这些人因什么事就被把头割下。我随后又发现了那一串耳朵，那么一串东西，一生真再也不容易见到过的古怪东西！叔父问我："小东西，你怕不怕？"我回答得极好，我说："不怕。"我听了多少杀仗的故事，总说是"人头如山，血流成河"，看戏时也总据说是"千军万马分个胜败"，却除了从戏台上间或演秦琼哭头时可看到一个木人头放在朱红盘子里，此外就不曾看到过一次真的杀仗砍下什么人头。现在却有那么一大堆血淋淋的从人颈脖上砍下的东西。我并不怕，可不明白为什么这些人就让兵士砍他们，有点疑心，以为这一定有了错误。

为什么他们被砍，砍他们的人又为什么？心中许多疑问，回到家中时问爸爸，爸爸只说这是"造反"，也不能给我一个满意的答复。我当时以为爸爸那么伟大的人，天上地下知道不知多少事，居然也不明白这件事，倒真觉得奇怪。到现在我才明白这事永远在世界上不缺少，可是谁也不能够给小孩子一个最得体的回答。

这革命原是城中绅士早已知道，用来对付两个衙门，同那些外路商人，攻城以前先就约好了的。但临时却因军队方面谈的条件不妥误了大事。

革命算已失败了，杀戮还只是刚在开始。城防军把防务布置周密妥当后，就分头派兵下乡去捉人，捉来的人只问问一句两句话，就牵出城外去砍掉。平常杀人照例应当在西门外，现在造反的人既从北门来，因此应杀的人也就放在北门河滩上杀戮。当初每天必杀一百左右，每次杀五十个人时，行刑兵士还只是二十，看热闹的也不过三十左右。有时衣也不剥，绳子也不捆缚。就那么跟着赶去的。常常听说有被杀的站得稍远一点，兵士以为是看热闹的人就忘掉走去。被杀的差不多全从乡下捉来，胡胡涂涂不知道是些什么事。因此还有一直到了河滩被人吼着跪下时，方明白行将有什么新事，方大声哭喊惊惶乱跑，刽子手随即赶上前去那么一阵乱刀砍翻的。

这愚蠢的杀戮继续了约一个月，方渐渐减少下来。或者因为天气既很严冷，不必担心到它的腐烂，埋不及时就不埋，或者又因为还另外有一种示众意思，河滩的尸首总常常躺下四五百。

到后人太多了，仿佛凡是西北苗乡捉来的人皆得杀头。衙门方面把文书禀告到抚台时，大致说的就是苗人造反，因此照规矩还得剿平这一片地面上的人民。捉来的人一多，被杀的头脑简单异常，无法自脱，但杀人那一方面却似乎有点寒了心。几个本地有力的绅士，也就是暗地里同城外人讲通却不为官方知道的人，便一同向宪台请求有一个限制，经过一番选择，该杀的杀，该放的放。每天捉来的人既有一百两百，差不多全是无辜的农民，既不能全部开释，也不忍全部杀头，因此选择的手续，便委托了本地人民所敬信的天王，把犯人牵到天王庙大殿前，在神前掷竹筊，一仰一覆的顺筊，开释，双仰的阳筊，开释，双覆的阴筊，杀头。生死取决于一掷，应死的自己向左走去，该活的自己向右走去。一个人在一份赌博上既占去便宜三分之二^①，因此应死的谁也不说话，就低下头走去。

我那时已经可以自由出门，一有机会就常常到城头上去看对河杀头，每当人已杀过赶不及看那一砍时，便与其他小孩比赛眼力，一二三四屈指计数那一片死尸的数目，或者又跟随了犯人，到天王庙看他们掷筊。看那些乡下人，如何闭了眼睛把手中一副竹筊用力抛去，有些人到已应当开释时还不敢睁开眼睛。又看着些虽应死去还想念到家中小孩与小牛猪羊的，那份颓丧那份对神埋怨的神情，真使我永远

---

① 1980年作者注："这里原文是'三分之二'，我的好友数学家钟开莱先生说，根据概率论的道理，实际有四分之三的机会开释，建议我改过来。"

忘不了。

我刚好知道"人生"时，我知道的原来就是这些事情。

第二年三月本地革命成功了，各处悬上白旗，写个"汉"字，算是对革命军投了降，革命反正的兵士结队成排在街上巡游，镇守使、道尹、知县，已表示愿意走路，地方一切皆由绅士出面来维持，我爸爸便即刻成为当地要人了。

那时节我哥哥弟弟同两个姊姊，全从苗乡接回来了。家中无数军人来来往往。院子中坐满了人。在一群陌生人中，我发现了那个紫黑脸膛的表哥。他并没有死去，背了一把单刀，朱红牛皮的刀鞘上描着黄金色双龙抢宝的花纹。他正在同别人说那一夜走近城边的情形。我悄悄地告诉他："我过天王庙看犯人掷笅，想知道犯人中有不有你，可见不着。"那表哥说："他们手短了些，捉不着我。现在应当我来打他们了。"当天全城人过天王庙开会时，我爸爸正在台上演说经过，那表哥他当真就爬上台去打了县知事一个嘴巴，使得到会人都笑闹不已，演说也无法继续。

革命使我家中也起了变化，爸爸与一个姓吴的竞选过长沙的会议代表失败，心中十分不平，赌气出门往北京去了。爸爸这一去，直到十二年后当我从湘边下行时，在辰州地方又见过他一面，从此以后便再也见不着了。

我爸爸在竞选失败离开家乡那一年，我最小的一个九妹，刚好出世三个月。

革命后地方不同了一点，绿营制度没有改变多少，屯田制度也没有改变多少。地方有军役的，依然各因等级不同，按月由本人或家中人到营上去领取食粮与碎银，守兵当值的，到时照常上衙门听候差遣。衙门前钟鼓楼每到晚上仍有三五个吹鼓手奏乐。但防军组织分配稍微不同了，军队所用器械不同了，地方官长不同了。县知事换了本地人，镇守使也换了本地人。当兵的每个家中大门边钉了一小牌,载明一切,且各因兵役不同,木牌种类也完全不同。

但革命印象在我记忆中不能忘记的,却只是关于杀戮那几千无辜农民的几幅颜色鲜明的图画。

民国三年左右地方新式小学成立,民国四年我进了新式小学。

我上许多课仍然不放下那一本大书

我改进了新式小学后，学校不背诵经书，不随便打人，同时也不必成天坐上桌边，每天不只可以在小院子中坑，互相扭打，先生见及，也不加以约束，七天照例又还有一天放假，因此我不必再逃学了。可是在那学校照例也就什么都不曾学到。每天上课时照例上上，下课时就遵照大的学生指挥，找寻大小相等的人，到操坪中去打架。一出门就是城墙，我们便想法爬上城去，看城外对河的景致。上学散学时，便如同往常一样，常常绕了多远的路，去看看那些木工手艺人新雕的佛像，贴了多少金。看看那些铸钢犁的人，一共出了多少新货。或者什么人家孵了小鸡，也常常不管远近必跑去看看。一到星期日，我在家中写了十六个大字后，就一溜出门，一直到晚，方回家中。

　　半年后家中母亲相信了一个亲戚的建议，以为应从城内第二初级小学换到城外第一小学，这件事实行后更使我方便快乐。新学校临近高山，校屋前后各处是树，同学又多，当然十分有趣。到这学校我仍然什么也不学得，字也不认多少，可是我倒学会了爬树。几个人一下课就各自检选一株合抱大梧桐树，看谁先爬到顶。我从这方面便认识约三十种树木的名称。因为爬树有时跌下或扭伤了脚，拉破了手，就跟同学去采药，又认识了十来种草药。我开始学会了钓鱼，总是上半天学钓半天鱼。我学会了采笋子，采蕨菜。后山上到春天各处是兰花，各处是可以充饥解渴的刺莓，在竹篁里且有无数雀鸟，我便跟他们认识了许多雀鸟且认识许多果树。去后山约一里，又有一个制瓷器的大窑，我们便常常过那里去看人制造一切瓷器，看一块白泥在各样手续下成为一个饭碗，或一件别种用具的情形。

学校环境使我们在校外所学的实在比校内课堂上多十倍，但在学校也学会了一件事，便是各人用刀在座位板下镌雕自己的名字。又因为学校有做手工的白泥，我们却用白泥摹塑教员的肖像，且各为取一怪名。绵羊，耗子，老土地菩萨，还有更古怪的称呼！在这些事情上我的成绩照例比学校功课好一点，但自然不能得到任何奖励。

照情形看来，我已不必逃学，但学校既不严格，四个教员恰恰又有我两个表哥在内，想要到什么地方去时，我便请假。看戏请假，钓鱼请假，甚至于几个人到三里外田坪中去看人割禾，也向老师请假。

那时我家中每年还可收取租谷三百石左右，到秋收时，我便同叔父或其他年长亲戚，往二十里外的乡下去，监视佃夫督促临时雇来的工人割禾。等到田中成熟禾穗已空，新谷装满白木浅缘方桶时便把新谷倾倒到大晒谷簟上来，与佃夫相对平分，其一半应归佃夫所有的，由他们去处置，我们把我家应得那一半，雇人押运回家。在那里最有趣处是可以辨别各种禾苗，认识各种害虫，学习捕捉蚱蜢分别蚱蜢。同时学用鸡笼去罩捕水田中的肥大鲤鱼、鲫鱼，把鱼捉来即用黄泥包好塞到热灰里去煨熟分吃。又向佃户家讨小小斗鸡，且认识种类，准备带回家来抱到街上去寻找别人公雏作战。又从小农人处学习抽稻草心织小篓小篮，剥桐木皮做卷筒哨子，用小竹子做唢呐。有时捉得一个刺猬，有时打死一条大蛇，又有时还可跟叔父让佃户带到山中去，把雉媒抛出去，吹唿哨招引野雉，鸟枪里装上一把散碎铁砂同黑色土药，猎取这华丽骄傲的禽鸟。

为了打猎，秋末冬初我们还常常去佃户家。我最欢喜的是猎取野猪同黄麂，看他们下围，跟着他们乱跑，有一次还被他们捆缚在一株大树高枝上，看他们把受惊的黄麂从树下追赶过去。我又看过猎狐，眼看着一对狡猾野兽在一株大树根下转，到后这东西便变成了我叔父的马褂。

　　学校既然不必按时上课，其余的时间我们还得想出几件事情来消磨，到下午三点才能散学。几个人爬上城去，坐在大铜炮上看城外风光，一面拾些石头奋力向河中掷去，这是一个办法。另外就是到操场一角沙地上去拿顶翻斤斗，每个人轮流来做这件事，不溜刷的便仿照技术班办法，在那人腰身上缚一条带子，两个人各拉一端，翻斤斗时用力一抬，日子一多，便无人不会翻斤斗了。

　　因为学校有几个乡下来的同学，身体壮大异常，便有人想出好主意，提议要这些乡下人装成马匹，让较小的同学跨到马背上去，同另一匹马上另一员勇将来作战，在上面扭成一团，直到跌下地后为止。这些做马匹的同学，总照例非常忠厚可靠，在任何情形下皆不卸责。作战总有受伤的，不拘谁人头面有时流血了，就抓一把黄土，将伤口敷上，全不在乎似的。我常常设计把这些人马调度得十分如法，他们服从我的编排，比一匹真马还驯服规矩。

　　放学时天气若还早一些，几个人不是上城去坐，就是常常沿了城墙走去。有时节出城去看看，有谁的柴船无人照料，看明白了这只船的的确确无人时，几人就匆忙跳上了船，很快的向河中心划去。等一会儿那船主人来时，若在岸上和和气气地说：

　　"兄弟，兄弟，你们把船划回来。我得回家！"

　　遇到这种和平人时，我们也总得十分和气把船划回来，各自跳上了岸，让人家上船回家。若那人性格暴躁点，一见自己小船为一群胡闹的小将把它送到河中打着圈儿转，心中十分忿怒，大声地喊骂，说出许多恐吓无理的野话，那我们便一面回骂着，一面快快的把船向下游流去，尽他叫骂也不管他，到下游时几个人上了岸，就让这船搁在浅滩上不再理会了，有时刚上船坐定，即刻便被船主人赶来，那就得有一份儿担当经验了。船主照例知道我们受不了什么簸荡，抢上船头，把身体故意向左右连续倾侧不已，因此小船就在水面胡乱颠簸，一个无经验的孩子担心身体会掉到水中去，必惊骇得大哭不已。但有了经验的人呢，你估计一下，先看看是不是逃得上岸，若已无可逃避，那就好好的坐在船中，尽那乡下人的磨炼，拼一身衣服给水湿透，你不慌不忙，只稳稳的坐在船中，不必作声告饶，也不必恶声相骂，过一会儿那乡下人看看你胆量不小，知道用这方法吓不了你，他就会让你明白他的行为不过是一种带恶意的玩笑，这玩笑到时应当结束了，必把手叉上腰边，向你微笑，抱歉似的微笑。

"少爷，够了，请你上岸！"

于是几个人便上岸了。有时不凑巧，我们也会为人用小桨竹篙一路追赶着打我们，还一路骂我们，只要逃走远一点点，用什么话骂来，我们照例也就用什么话骂回去，追来时我们又很快的跑去。

那河里有鳜鱼，有鲫鱼，有小鲇鱼，钓鱼的人多向上游一点走去。隔河是一片苗人的菜园，不涨水，从跳石上过河，到菜园里去看花买菜心吃的次数也很多。河滩上各处晒满了白布同青菜，每天还有许多妇人背了竹笼来洗衣，用木棒杵在流水中捶打，回声訇訇的从东城墙脚下应出。

天热时，到下午四点以后，满河中都是赤光光的身体。有些军人好事爱玩，还把小孩子、战马、看家的狗，同一群鸭雏，全部都带到河中来。有些人父子数人同来。大家皆在激流清水中游泳，不会游泳的便把裤子泡湿，扎紧了裤管，向水中急急地一兜，捕捉了满满的一裤空气，再用带子捆好，便成了极合用的水马，有了这东西，即或全不会漂浮的人，也能很勇敢的向水深处洇去。到这种人多的地方，照例不会被水淹死的，一出了什么事，大家皆很勇敢地救人。

我们洗澡可常常到上游一点去，那里人既很少，水又极深，对我们才算合式。这件事自然得瞒着家中人。家中照例总为我担忧，唯恐一不小心就会为水淹死。每天下午既无法禁止我出去玩，又知道下午我不会到米厂上去同人赌骰子，那位对于管拘我侦察我十分负责的大哥，照例一到饭后我出门不久，他也总得到城外河边一趟。人多时不能从人丛中发现我，就沿河去注意我的衣服，在每一堆衣服上来一分注意，一见到我的衣服，一句话不说，就拿起来走去，远远的坐到大路上，等候我要穿衣时来同他会面。衣裤既然在他手上，我不能不见他了，到后只好走上岸来，从他手上把衣服取到手，两人沉沉默默的回家，回去不必说什么，只准备一顿打。可是经过两次教训后，我即或仍然在河中洗澡，也就不至于再被家中人发现了。我可以搬些石头把衣压着，只要一看到他从城门洞边大路走来时，必有人告给我，我就快快地洇到河中去，向天仰卧，把全身泡在水中，只浮出一张脸一个鼻孔来，尽岸上那一个搜索也不会得到什么结果。有些人常常同我在一处，哥哥认得他们，看到了他们时，就唤他们：

"熊澧南，印鉴远，你见我兄弟吗？"

那些同学便故意大声答着：

"我们不知道，你不看看衣服吗？"

"你们不正是成天在一堆胡闹吗？"

"是呀，可是现在谁知道他在哪一片天底下？"

"他不在河里吗？"

"你不看看衣服吗？不数数我们的数目吗？"

这好人便各处望望，果然不见我的衣裤，相信我那朋友的答复不是句谎话，于是站在河边欣赏了一阵河中景致，又弯下腰拾起两个放光的贝壳，用他那双常若含泪发愁的艺术家眼睛鉴赏了一下，或坐下来取出速写簿，随意画两张河景的素描，口上嘘嘘打着唿哨，又向原来那条路上走去了。等他走去以后，我们便来模仿我这个可怜的哥哥，互相反复着前后那种答问。"熊澧南，印鉴远，看见我兄弟吗？""不知道，不知道，你自己不看看这里一共有多少衣服吗？""你们成天在一堆！""是呀！成天在一堆，可是谁知道他现在到哪儿去了呢？"于是互相浇起水来，直到另一个逃走方能完事。

有时这好人明知道我在河中，当时虽无法擒捉，回头却常常隐藏在城门边，坐在苗妇人小茅棚里，很有耐心的等待着，等到我十分高兴的从大路上同几个朋友走近身时，他便风快的同一只公猫一样，从那小棚中跃出，一把攫住了我衣领。于是同行的朋友就大嚷大笑，伴送我到家门口，才自行散去，不过这种事也只有三两次，我从经验上既知道这一着棋时，我进城时便常常故意慢一阵，有时且绕了极远的东门回去。

我人既长大了些，权利自然也多些了，在生活方面我的权利便是即或家中明知我下河洗了澡，只要不是当面被捉，家中可不能用爬搔皮肤方法决定我的应否受罚了。同时我的游泳自然也进步了，我记到我能在河中来去泅过三次，至于那个名叫熊澧南的，却大约能泅过五次。

下河的事若在平常日子，多半是晚饭以后才去。如遇星期日，则常常几人先一天就邀好，过上游一点棺材潭的地方去，泡一个整天，泅一阵水又摸一会儿鱼，把鱼从水中石底捉得，就用枯枝在河滩上烧来当点心。有时那一天正当附近十里二十里苗乡场集，就空了两只手跑到那地方去，玩一个半天。到了场上后，过卖牛处看看他们讨论价钱的样子，又过卖猪处看看那些大猪小猪，又到赌场上去看看那些乡下人一只手抖抖的下注，替别人担一阵心。又到卖山货处去，用手摸摸那些豹子老虎的皮毛，且听听他们谈到猎取这野物的种种经验。又到卖鸡处去，欣赏欣赏那些大鸡小鸡，我们皆知道什么鸡战斗时厉害，什么鸡生蛋极多。我们且各自把那些斗鸡毛色记下来，因为这些鸡照例当天全将为城中来的兵士和商人买去，五天以后就会在城中斗鸡场出现。我们间或还可在敞坪中看苗人决斗，用扁担或双刀互相拼命。小河边到了场期，照例来了无数小船，无数竹筏，竹筏上且常常有长眉秀目脸儿极白奶头高肿的青年苗族女人，用绣花大衣袖掩着口笑，使人看来十分舒服。我们来回走二三十里路，各个人两只手既是空空的，因此在场上什么也不能吃。间或谁一个人身上有一两枚铜元，就到卖狗肉摊边去割一块狗肉，蘸些咸水，平均分来吃吃。或者无意中谁一个在人丛中碰着了一位亲长，被问道："吃过点心吗？"大家正饿着，互相望了会儿，羞羞怯怯的一笑。那人知道情形了，便说："这成吗？不喝一杯还算赶场吗？"到后自然就被拉到狗肉摊边去，切一斤两斤肥狗肉，分割成几大块，各人来那么一块，蘸了盐水往嘴上送。

机会不好不曾碰到这么一个慷慨的亲戚，我们也依然不会瘪着肚皮回家。沿路有无数人家的桃树李树，果实全把树枝压得弯弯的，等待我们去为它们减除一分担负！还有多少黄泥田里，红萝卜大得如小猪头，没有我们去吃它，赞美它，便始终委屈在那深土里！除此以外路塍上无处不是莓类同野生樱桃，大道旁无处不是甜滋滋的枇杷，无处不可得到充饥果腹的东西。口渴时无处不可以随意低下头去喝水。即或任何东西没得吃，我们还是十分高兴，就为的是乡场中那一派空气，一阵声音，一分颜色，以及在每一处每一项生意人身上发出那一股臭味，就够使我们觉得满意！我们用各样官能吃了那么多东西，即使不再用口来吃喝也很够了。

到场上去我们还可以看各样水碾水碓，并各种形式的水车。我们必得经过好几个榨油坊，远远的就可以听到油坊中打油人唱歌的声音。一过油坊时便跑进去，看看那些堆积如山的桐子，经过些什么手续才能出油。我们只要稍稍绕一点路，还可以从一个造纸工作场过身，在那里可以看他们利用水力捣碎稻草同竹筱；用细篾帘子勺取纸浆做纸。我们又必需从一些造船的河滩上过身，有万千机会看到那些造船工匠在太阳下安置一只小船的龙骨，或把粗麻头同桐油石灰嵌进缝罅里补治旧船。

总而言之，这样玩一次，就只一次，也似乎比读半年书还有益处。若把一本好书同这种好地方尽我拣选一种，直到如今我还觉得不必看这本用文字写成的小书，却应当去读那本用人事写成的大书。

我不明白我为什么就学会了赌骰子，大约还是因为每早上买菜，总可剩下三五个小钱，让我有机会傍近用骰子赌输赢的糕类摊上面，起始当三五个人蹲到那些戏楼下，把三粒骰子或四粒骰子或六粒骰子抓到手中，奋力向大土碗掷去，跟着它的变化喊出种种专门名词时，我真忘了自己也忘了一切。那富于变化的六骰子赌，七十二种"快""臭"，一眼间我皆能很得体的喊出它的得失。谁也不能在我面前占去便宜，谁也骗不了我。自从精明这一项事情以后，我家里这一早上若派我出去买菜，我就把买菜的钱去做注，同一群小无赖在一个有天棚的米厂上玩骰子，赢了钱自然全部买东西吃，若不凑巧全输掉时，就跑回来悄悄的进门找寻外祖母，从她手中把买菜的钱得到。

但这是件冒险的事，家中知道后可得痛打一顿，因此赌虽然赌，总只下一个铜子的注，赢了拿钱走去。输了也不再来，把菜少买一些，总可敷衍下去。

由于赌术精明我不大担心我输赢。我倒最希望玩个半天结果无输无赢。我所担心的只是正玩得十分高兴，忽然后领一下子为一只强硬有力的手攫定，一个哑哑的声音在我耳边响着：

"这一下捉到你了，这一下捉到你了！"

先是一惊。想挣扎可不成。既然捉定了，不必回头，我就明白我被谁捉到，且不必猜想，我就知道我回家去应受些什么款待，于是提了菜篮让这个仿佛生下来给我作对的人把我揪回去。这样过街可真无脸面，因此不是请求他放和平点抓着我一只手，总是在他不着意的情形下，忽然挣脱先行跑回家去，准备他回来时受罚。

每次在这件事上我受的罚都似乎略略过分了些，总是把一条绣花的白腰带缚定两手，系在空谷仓里，用鞭子打几十下，上半天不许吃饭，或是整天不许吃饭。亲戚中看到觉得十分可怜，便以为哥哥不应当这样虐待弟弟。但这样不顾脸面的去同一些乞丐赌博，给了家中多少气恼，我是不知道的。

我从那方面学会了些下等野话，在亲戚中身份似乎也就低了些。只是当十五年后，我能够用我各方面的经验写点故事时，这些粗话野话，却给了我许多帮助，增加了故事中人物的生命。

革命后本地设了女学校，我两个姊姊皆被送过女学校读书。我那时也欢喜过女学校去玩，就因为那地方有些新奇的东西。学校外边一点，有个做小鞭炮的作坊，从起始用一根细钢条，卷上了纸，送到木机上一搓，吱的一声就成了空心的小管子，再如何经过些什么手续，便成了燃放时巴的一声的小爆仗，被我看得十分熟悉。我借故去瞧姊姊时总在那里看他们工作。我还可看他们烘焙火药，碓舂木炭，筛硫磺，配合火药的原料，因此明白制烟火用的药同制爆仗用的药，硝磺的分配分量如何不同。

一到女学校时，我必跑到长廊下去，欣赏那些平时不易见到的织布机器。那些机器钢齿轮互相衔接，一动它时全部皆转动起来，且发出一种异样陌生的声音，听来我总十分欢喜。我平时是个怕鬼的人，但为了欣赏这些机器，黄昏中我还敢在这儿逗留，直到她们大声呼喊各处找寻时，我才从廊下跑出。

当我转入高小那年，正是民国六年，我们那地方为了上年受蔡锷讨袁战事的刺激，感觉军队非改革不能自存，因此本地镇守署方面，设了一个军官团，前为道尹后改屯务处方面，也设了一个将弁学校。另外还有一个教练兵士的学兵营，一个教导队。小小的城里多了四个军事学校，一切皆用较新方式训练，地方因此气象一新。由于常常可以见到这类青年学生结队成排在街上走过，本地的小孩，以及一些小商人，皆觉得学军事较有意思。有人与军官团一个教官做邻居的，要他在饭后课余教教小孩子，先在大街上操，到后却借了附近的军官团操场使用，顷刻之间便招集了一百人左右。

有同学在里面受过训练来的，精神比起别人来特别强悍，我们觉得奇怪。这同学就告我们一切，且问我愿不愿意去。并告我到里面后，每两月可以考选一次，配吃一份口粮，做守兵的，就可以补上名额当兵。在我生长那个地方，当兵不是耻辱。本地的光荣原本是从过去无数男子的勇敢搏来的。谁都希望当兵，因为这是年轻人一条出路，也正是年轻人唯一的出路。同学说及进技术班时，我就答应试来问问我的母亲，看看母亲的意见，这将军的后人，是不是仍然得从步卒出身。

那时节我哥哥已过热河找寻父亲去了，我因不受拘束，生活已日益放肆，母亲正想不出处置我的方法，因此一来，将军后人就决定去做兵役的候补者了。

预备兵的技术班

家中听说我一到那边去，既有机会考一份口粮，且明白里面规矩极严，以为把我放进去受预备兵的训练，实在比让我在外面撒野较好。即或在学校免不了有从天桥掉下的危险，但有人亲眼看到掉下来，总比无人照料，到那些空山里从高崖上摔下为好，因此当时便答应了。

　　我把这消息告给学校那个梁班长时，军衣还不曾缝好，他就带我去见了一次教官。我第一次见到那个挺着胸脯的人，实在有点害怕，但我却因为听说他的杠杆技术曾经得过全省锦标，能够在天桥上竖蜻蜓用手来回走四次，又能在杠杆上打大车轮至四十来次，简直是个新式徐良，因此虽畏惧他却也欢喜他。

　　这教官给我第一次印象不坏，并且此后的印象也十分好，他对于我似乎也很满意。先看我人那么小，排队总在最后一名，在操场中做"跑步"时便把我剔出，到"正步走""向后转"走时，我的步子较小一点，又想法让我不吃亏。但经过十天后，我的能力和勇敢，就得到他完全的承认，做任何事应当大家去做的，我头上也总派到一份了。

　　我很感谢那教官，由于他那份严厉，逼迫我学会了一种攀杠杆的技术，到后来还用这点技术救过我自己一次生命的危险。我身体到后在军队中去混了那么久，那一次重重的伤寒病四十天的高热，居然能够支持下来，未必不靠从技术班训练好的一个结实体格所帮助。我的性格方面永远保持到一点坚实军人的风味，不管做什么总去做，不大关心成败，似乎也就是那将近一年的训练养成的。

我进到了那军役补习组后，方知道原来在学校做班长的梁凤生，在技术班也还是我们的班长。我在里面得他的帮助可不少。一进去时的单人教练，他就做了我的教师，当每人到小操场的沙地上学习打斤斗时，用腰带束了我的腰，两个人各用手紧紧的抓着那根带子，好在我正当把两只手垫到地面，想把身体翻过去再一下挺起时，他就赶忙用手一拉，使我不要扭坏腰腿。有时我攀上杠杆，用膀子向后反挂，预备来一次背车，在旁小心照料的也总是他。有时我不小心摔到砂地上，跌哑了喉，想说话无论如何怎样用力再也说不出口，一为他见及，就赶忙搀起我来，扶着我乱跑，必得跑过好一阵，我口方说得出话。

这人在学校书既读得极好，每次考试总得第一，过技术班来成绩也非常好。母亲是一个寡妇，守着三个儿子，替人缝点衣服过日子。这同学散操以后，便跑回去，把那个装了无数甘蔗，业已分配得上好的篮子，提上街到各处去卖，把甘蔗卖完便赚回三五十个小钱。可是这人虽然为了三五十个钱，每个晚上皆得大街小巷的走去，倘在任何地方一遇到同学好友时，总一句话不说，走到你身边来，把二节值十文一段的甘蔗，忽然一下塞到你的手里，风快的就跑掉了。我遇到他这样两次，心中真感动得厉害。我并不想那甘蔗吃，却因为他那种慷慨大方处，白日见他时简直使我十分害羞。

这朋友虽待得我很好，可是在学校方面，我最好的一个同学却是个姓陈的。在技术班方面，好朋友也姓陈，名继瑛。这个陈继瑛家只隔我家五户，他每天同我一把晚饭吃过后，就各人穿了灰布军服，在街上气昂昂的并排走出城去。每出城到门洞边时，卖牛肉的屠户，正在收拾他的业务，总故意逗我们，喊叫我们作"排长"。一个守城的老兵也总故意做一个鬼脸，说两句无害于事的玩笑话。两人心中以为这是小事，我们上学的原因，为的是将来做大事，这些小处当然用不着关心。

当时我们所想的实在与这类事不同，他只打量做团长，我就只想进陆军大学。即或我爸爸希望做一将军终生也做不到，但他把祖父那一份光荣，用许多甜甜的故事输入这荒唐顽皮的小脑子里后，却引起了很大的影响。书本既不是我所关心的东西，国家又革了命，我知道中状元已无可希望，却俨然有一个将军的志气。家中别的什么教育都不给我，所给的也恰恰是我此后无多大用处的。可是爸爸给我的教育，却对于我此后生活的转变，以及在那个不利于我读书的生活中支持，真有很大的益处。体魄不甚健实的我，全得爸爸给我那份骄傲，使我在任何困难情形中总不气馁，任何得意生活中总不自骄，比给我任何数目的财产，也似乎更可贵重。

当营上的守兵有了几名缺额，我们那一组应当分配一名时，我照例去考过一次，考试的结果当然失败。但我总算把各种技术演习了那么一下。也在小操场杠杆上做挂腿上，翻上，再来了十个背车。又蹲了一次木马，走了一度天桥，且从平台上拿了一个大顶，再丢手侧身倒掷而下。又在大操场指挥一个小队，做正步、跑步、跪下、卧下，种种口令，完事时还跑到阅兵官面前用急促的声音完成一种报告。操演时因为有镇守使同许多军官在场，临事虽不免有点慌张，但一切举动做得还不坏，不跌倒，不吃砂，不错误手续。且想想，我那时还是一个十三岁半的孩子！这次结果守兵名额虽然被一位美术学校的学生田大哥得去了，大家却不难过。（这人在我们班里做了许久大队长，各样皆十分来得。这人若当时机会许可他到任何大学去读书，一定也可做个最出色的大学生。若机会许可他上外国去学艺术，在绘画方面的成就，会成一颗放光的星子。可是到后来机会委屈了他，环境限制了他，自己那点自足骄傲脾气也妨碍了他，十年后跑了半个中国，还是在一个少校闲曹的位置上打发日月。）当时各人虽没有得到当兵的荣耀，全体却十分快乐。我记得那天回转家里时，家中人问及一切，竟对我亲切地笑了许久。且因为我得到过军部的奖语，仿佛便以为我未来必有一天可做将军，为了欢迎这未来将军起见，第二天杀了一只鸡，鸡肝鸡头全为我独占。

第二回又考试过一次，那守兵的缺额却为一个姓舒的小孩子占去了，这人年龄和我不相上下，各种技术皆不如我，可是却有一份独特的胆量，能很勇敢地在一个两丈余高的天桥上，翻倒斤斗掷下，落地时身子还能站立，因此大家仍无话说。这小孩子到后两年却害热病死了。

第三次的兵役给了一个名"田棒捶"的，能跳高，撑篙跳会考时第一，这人后来当兵出防到外县去，也因事死掉了。

我在那里考过三次，得失之间倒不怎么使家中失望。家中人眼看着我每天能够把军服穿得整整齐齐地到军官团上操，且明白了许多军人礼节，似乎上了正路，待我也好了许多。可是技术班全部组织，差不多皆为那教官一人所主持，全部精神也差不多全得那教官一人所提起，就由于那点稀有精神，使那位镇守使看中了意，当他卫队团的营副出了缺时，我们那教官便被调去了。教官一去，学校也自然无形解散了。

这次训练算来大约是八个月，因为起始在吃月饼的八月，退伍是开桃花的三月。我记得那天散操回家，我还在一个菜园里摘了一大把桃花。

那年我死了一个第二的姊姊，她比我大两岁，美丽、骄傲、聪明、大胆，在一行九个兄弟姊妹中，这姊姊比任何一个都强过一等。她的死也就死在那份要好使强的性格上。

一个老战兵

当时在补充兵的意义下，每日受军事训练的，本城计分三组，我所属的一组为城外军官团陈姓教官办的，那时说来似乎高贵一些。另一组在城里镇守使衙门，归镇守使署卫队杜连长主持，名分上便较差些。这两处皆用新式入伍训练。还有一处归我本街一个老战兵滕四叔所主持，用的是旧式教练。新式教练看来虽十分合用，钢铁的纪律把每个人皆造就得自重强毅，但实在说来真无趣味。且想想，一群小孩子，最大的不过十七岁，较小的还只十二岁，一下操场总是两点钟，一个跑步总是三十分钟，姿势稍有不合就是当胸一拳，服装稍有疏忽就是一巴掌。盘杠杆，从平台上拿顶，向木马上扑过，一下子掼到地上时，哼也不许哼一声儿。过天桥时还得双眼向前平视，来回做正步通过，野外演习时，不管是水是泥喊卧下就得卧下，这规矩真不大同本地小孩性格相宜。可是旧式的那一组，他们却太潇洒了。他们学的是翻斤斗，打藤牌，舞长槊，耍齐眉棍。我们穿一色到底的灰衣，他们却穿各色各样花衣。他们有描花皮类的方盾牌，藤类编成的圆盾牌，有弓箭，有标枪，有各种华丽悦目的武器。他们或单独学习，或成对厮打，各人可各照自己意见去选择。他们常常是一人手持盾牌单刀，一人使关刀或戈矛，照规矩练"大刀取耳""单戈破牌"或其他有趣厮杀题目。两人一面厮打一面大声喊"砍""杀""摔""坐"，应当归谁翻一个斤斗时，另一个就用敏捷的姿势退后一步，让出个小小地位，应当归谁败下时，战败的跌倒时也有一定的章法，做得又雅致又活泼。做教师的在身旁指点，稍有了些错误，自己就占据到那个地位上去示范，为他们纠正错误。

这教师就是个奇人趣人，不拘向任何一方翻斤斗时，毫不用力，只需把头一偏，即刻就可以将身体在空中打一个转折。他又会爬树，极高的桅子，顷刻之间就可上去。他又会拿顶，在城墙雉堞上，在城楼上，在高桅半空棋杆上，无地无处不可以身体倒竖把手当成双脚，来支持很久的时间。他又会泅水，任何深处皆可以一汆子到底，任何深处皆可泅去。他又会摸鱼、钓鱼、叉鱼，有鱼的地方他就可以得鱼。他又明医术，谁跌碰伤了手脚时，随手采几样路边草药，捣碎敷上，就可包好。他又善于养鸡养鸭，大门前常有许多高贵种类的斗鸡。他又会种花，会接果树，会用泥土捏塑人像。

这旧式的一组能够存在，且居然能够集收许多子弟，实在说来，就全为的是这个教练的奇才异能。他虽同那么一大堆小孩子成天在一处过日子，却从不拿谁一个钱，也从不要公家津贴一个钱，他只属于中营的一个老战兵，他做这件事也只因为他欢喜同小孩子在一处。全城人皆喊他为"滕师傅"，他却的的确确不委屈这一个称呼。他样样来得懂得，并且无一事不精明在行，你要骗他可不成，你要打他你打不过他。最难得处就是他比谁都和气，比谁都公道。但由于他是一个不识字的老战兵，见"额外""守备"这一类小官时，也得谦谦和和地喊一声"总爷"，同时他不单教小孩子打拳，有时还鼓励小孩子打架，他不只教他们摆阵，甚至于还教他们洗澡赌博，因此家中有规矩点的小孩，却不大到他这里来，到他身边来的，多数是些寒微人家子弟。

他家里藏了漆朱红花纹的牛皮盾牌，带红缨的标枪，镀银的方天画戟，白檀木的齐眉棍。他家中有无数的武器，同时也有无数的玩具；有锣，有鼓，有笛子胡琴，渔鼓简板，骨牌纸牌，无不齐全。大白天，家中照例常常有人唱戏打牌，如同一个聚乐部。到了应当练习武艺时，弟子儿郎们便各自扛了武器到操坪去。天气炎热不练武，吃过饭后就带领一群小孩，并一笼雏鸭，拿了光致致的小鱼叉，一同出城下河去教练小孩子泅水，且用极优美姿势钻进深水中去摸鱼。

在我们新式操练两组里，谁犯了事，不问年龄大小，不是当胸一拳，就是罚半点钟立正，或一个人独自绕操场跑步一点钟。可是在他们这方面，就不作兴这类苛刻处罚。一提到处罚，他们就嘲笑这是种"洋办法"，事情由他们看来十分好笑。至于他们的错误，改正错误的，却总是那师傅来一个示范的典雅动作，相伴一个微笑。犯了事，应该处罚，也总不外是罚他泅过河一次，或类似有趣味的待遇，在处罚中即包含另一种行为的奖励。我们敬畏老师，一见教官时就严肃了许多，也拘束了许多。他们则爱他的师傅，一近身时就潇洒快乐了许多。我们那两组学到后来得学打靶、白刃战的练习，终点是学科中的艰深道理，射击学、筑城学，以及种种不顺耳与普通生活无关系的名词。他们学到后来却是驰马射箭，再多学些便学摆阵，人穿了五彩衣服，扛了武器和旗帜，各自随方位调动，随金鼓声进退。我们永远是枯燥的，把人弄呆板起来，对生命不流动的，他们却自始至终使人活泼而有趣味，学习本身同游戏就无法分开。

本地武备补充训练既分三处，当时从学的，最合于事实的希望，大部只盼得一个守兵的名额。我们新式操练成绩虽不坏，可是有守兵出缺实行考试时，还依然让那老战兵所教练的旧式一组得去名额最多。即到十六年后的现在，从三处出身的军官，精明、能干、勇敢、负责，也仍然是一个从他那儿受过基础教育的张姓团长，最在行出色。

当时我同那老战兵既同住一条街上，家中间或有了什么小事，还得常常请他帮点忙。譬如要点药，或做点别的事，总少不了他。可是家中却不许我跟这战兵在一处，还是要我扛了一支长长的青竹子，出城过军官团去学习撑篙跳，让班长用拳头打胸脯，大约就为的是担心我跟这样俗气的人把习惯弄坏。但家中却料不到十来年后，在军队中好几次危险，我用来自救救人的知识，便差不多全是从那老战兵学来的！

在我那地方，学识方面使我敬重的是我一个姨父，带兵方面使我敬重的是本地一个统领官，做人最美技能最多，使我觉得他富于人性十分可爱的，是这个老战兵。

家中对于我的放荡既缺少任何有效方法来纠正，家中正为外出的爸爸卖去了大部分不动产，还了几笔较大的债务，景况一天比一天坏下去，加之二姊死去。因此母亲看开了些，以为与其让我在家中堕入下流，不如打发我到世界上去学习生存。在各样机会上去做人，在各种生活上去得到知识与教训。当我母亲那么打算了一下，决定了要让我走出家庭到广大社会中去竞争生存时，就去向一个杨姓军官谈及，便得到了那方面的许可，应允尽我用补充兵的名义，同过辰州驻防。我自己还正好泡在河水里，试验我从那老战兵学来的沉入水底以后的耐久力，与仰卧水面的上浮力。这天正是七月十五中元节，我记得分明，到河边还为的是拿了些纸钱同水酒白肉奠祭河鬼，照习俗这一天谁也不敢落水，河中清静异常。纸钱烧过后，却把酒倒到水中去，把肉吃尽，脱了衣裤，独自一人在清清的河水中拍浮了约两点钟。

七月十六日那天早上，我就背了小小包袱，离开了本县学校，开始混进一个更广泛的学校了。

辰州（即沅陵）

离开了家中的亲人，向什么地方去，到那地方去又做些什么，将来便有些什么希望，我一点儿也不知道。我还只是十四岁稍多点一个孩子，这份年龄似乎还不许可我注意到与家中人分离的痛苦。我又那么欢喜看一切新奇东西，听一切新奇声响，且那么渴慕自由，所以初初离开本乡时，深觉得无量快乐。

　　可是一上路却有点忧愁了。同时上路的约三百人，我没有一个熟人。我身体既那么小，背上的包袱却似乎比本身还大。到处是陌生面孔，我不知道日里同谁吃饭，且不知道晚上同谁睡觉。听说当天得走六十里路，才可到有大河通船舶的地方，再坐船向下行。这么一段长路照我过去经验说来，还不知道是不是走得到。家中人担心我会受寒，在包袱中放了过多的衣服，想不到我还没享受这些衣服的好处以前，先就被这些衣服累坏了。

　　尤其使我吓怕的，便是那些坐在轿子里的几个女孩子和骑在白马上几个长官，这些人我全认得他们，他们已仿佛不再认识我。由于身份的自觉，当无意中他们轿马同我走近时，我实在又害怕又羞怯。为了逃避这些人的注意，我就同几个差弁模样的年轻人，跟在一伙脚夫后面走去。后来一个脚夫看我背上包袱太大了一点，人可太小了一点，便许可我把包袱搭到他较轻的一头去。我同时又与一个中年差遣谈了话，原来这人是我叔叔一个同学。既有了熟人，又双手洒脱地走空路，毫不疲倦的，黄昏以前我们便到了一个名叫高村的大江边了。

一排篷船泊定在水边，大约有二十余只，其中一只较大的还悬了一面红绸帅字旗。各个船头上全是兵士，各人皆在寻觅着指定的一船。那差遣已同我离开了，我便一个人背了那个大包袱，怯怯地站到岸上，随后向一只船旁冲去，轻轻地问："有地方吗？大爷。"那些人总说："满了，你自己看，全满了！你是第几队的？"我自己就不知道自己应分在第几队，也不知道去问谁。有些没有兵士的船看来仿佛较空的，他们要我过去问问，又总因为船头上站得有穿长衣的师爷参谋，他们的神气我实害怕，不敢冒险过去问问。

天气看看渐渐地夜了下来，有些人已经在船头烧火煮饭，有些人已蹲着吃饭，我却坐在岸边大石上，发呆发愁，想不出什么办法。那时阔阔的江面，已布满了薄雾，有野鹜鹈鹕之类接翅在水面向对河飞去，天边剩余一抹深紫。见到这些新奇光景，小小心中来了一分无言的哀戚，自己便微笑着，揉着为长途折磨坏了的两只脚。

一会儿又看见个差遣，差遣也看到我了。

"啊，你这个人，怎么不上船呀？"

"船上全满了，没有地方可上去的。"

"船上全满了，你说！你那么拳头大的小孩子，放大方点，什么地方不可以舍进去。来，来，我的老弟，这里有的是空地方！"

我见了熟人高兴极了。听他一说我就跟了他到那只船上去，原来这还是一只空船！不过这船舱里舱板也没有，上面铺的只是一些稀稀的竹格子，船摇动时就听到舱底积水汤汤地流，到夜里怎么睡觉？正想同那差遣说我们再去找找看，是不是别的地方当真还可照他用的那个粗俚字眼舍进去，一群留在后边一点本军担荷篷帐的伕子赶来了，我们担心一走开，回头再找寻这样一个船舱也不容易，因此就同这些伕子挤得紧紧的住下来。到吃饭时有人各船上来喊叫，因为取饭的原因，我却碰到了一个军械处的熟人，我于是换了一个船，到军械船上住下，一会儿便异常舒服地睡熟了。

船上所见无一事不使我觉得新奇，二十四只大船有时衔尾下滩，有时疏散散浮到那平潭里，两岸时时刻刻在一种变化中，把小小的村落，广大的竹林，黑色的悬崖，一一收入眼底。预备吃饭时，长潭中各把船只任意溜去，那份从容那份愉快处，实在感动了我。摇橹时满江浮荡着歌声。我就看这些，听这些，把家中人暂时完全忘掉了。四天以后，我们的船编成一长排，停泊在辰州城下的河岸边。

又过了两天，我们已驻扎在总爷巷一个旧衙门里，一份新的日子便开始了。

墙壁各处是膏药，地下各处是瓦片同乱草；草中留下成堆黑色的粪便，这就是我第一次进衙门的印象。于是轮到了我们来着手扫除了，做这件事的共计二十人，我便是其中一个。大家各在一种异常快乐情形下，手脚并用整整工作了一个日子，居然全部弄清爽了。庶务处又送来了草荐同木板，因此在地面垫上了砖头，把木板平铺上去，摊开了新做的草荐，一百个人便一同躺到这草荐上，把第一个夜晚打发走了。

到地后，各人应当有各人的事，做补充兵的，只需要大清早起来操跑步，操完跑步就单人教练，把手肘向后抱着，独自在一块地面上，把两只脚依口令起落，学慢步走。下午无事可做，便躺在草荐上唱"大将南征"的军歌。每个人皆结实单纯，年纪大的约二十二岁，年纪小的只十三岁，睡硬板子的床，吃粗粝陈久的米饭，却在一种沉默中活着下来。我从本城技术班学来那份军事知识，很有好处，使我为日不多就做了班长。

直到现在我还不明白为什么当时有些兵士不能随便外出，有些人又可自由出入。照我想来则大约系城里人可以外出，乡下人可以外出却不敢外出。

我记得我的出门是不受任何限制的，但每早上操过跑步时，总得听苗人吴姓连长演说："我们军人，原是卫国保民。初到这来客军极多，一切要顾脸面。外出时节制服应当整齐，扣子扣齐，腰带弄紧，裹腿缠好。胡来乱为的，要打屁股。"说到这里时，于是复大声说："听到了吗？"大家便说："听到了。"既然答应全已听到，就散开了。当时因犯事被按在石地上打板子的，就只有营中伙夫，兵士却因为从小地方开来，十分怕事，谁也不敢犯罪，不作兴挨打。

我很满意那个街上，一上街触目皆十分新奇。我最欢喜的是河街，那里使人惊心动魄的是有无数小铺子，卖船缆，硬木琢成的活车，小鱼篓、小刀、火镰、烟嘴。满地皆是有趣味的物件。我每次总去蹲到那里看一个半天，同个绅士守在古董旁边一样恋恋不舍。

城门洞里有一个卖汤圆的，常常有兵士坐在那卖汤圆人的长凳上，把热热的汤圆向嘴上送去，间或有一个本营里官佐过身，得照规矩行礼时，便一面赶忙放下那个土花碗，把手举起，站起身来含含糊糊地喊"敬礼"。那军官见到这种情形，有时也总忍不住微笑。这件事碰头最多的还是我，我每天总得在那里吃一回汤圆，或坐下来看过往行路人！

我又常常同那团长看马的张姓马夫，牵马到朝阳门外大坪里去放马，把长长的缰绳另一端那个檀木钉，钉固在草坪上，尽马各处走去，我们就躺到草地上晒太阳，说说各人所见过的大蛇大鱼。又或走近教会中学的城边去，爬上城墙，看看那些中学生打球。又或过有树林处去，各自选定一株光皮梧桐，用草揉软做成一个圈套，挂在脚上，各人爬到高处丫枝上坐坐，故意把树摇荡一阵。

营里有三个小号兵同我十分熟悉，每天他们必到城墙上去吹号，过城外河坝去吹号，我便跟他们去玩。有时我们还爬到各处墙头上去吹号，我不吹号却能打鼓。

我们的功课固定不变的，就只是每天早上的跑步。跑步的用处是在追人还是在逃亡，谁也不很分明。照例起床号吹过不久就吹点名号，一点完名跟着下操坪，到操场里就只是跑步。完事后，大家一窝蜂子向厨房跑去，那时节豆芽菜一定已在大锅中沸了许久，大甑笼里的糙米饭也快好了。

我们每天吃的总是豆芽菜汤同糙米饭，每到礼拜天那天，每人就吃一次肉，各人名下有一块肥猪肉，分量四两，是从豆芽汤中煮熟后再捞出的。

到后我们把枪领来了。

除了跑步无事可做，大家就只好在太阳下擦枪，用一根细绳子缚上一些布条，从枪膛穿过，绳子两端各缚定在廊柱上，于是把枪一往一来地拖动。那时候的枪名有下列数种，单响、九子、五子；单响分广式、猪槽两种，五响分小口紧、双筒、单筒、拉筒、盖板五种。也有说"日本春田""德国盖板"的，但不通俗。兵士只知道这种名称。填写枪械表时也照这样写上。

我们既编入支队司令的卫队，除了司令官有时出门拜客，选派二三十护卫外，无其他服务机会。某一次保护这生有连鬓胡子的司令官过某处祝寿，我得过五毛钱的奖赏，算是我最先一次得到国家的钱。

那时节辰州地方组织了一个湘西政府。驻扎了三个部队，军人首脑其一为军政长凤凰人田应诏，其一为民政长芷江人张学济，另外一个却是黔军旅长后来回黔做了省长的卢焘，与之对抗的是驻兵常德身充旅长的冯玉祥。这一边军队既不向下取攻势，那一边也不敢向上取攻势，各人就只保持原有地盘，等待其他机会。

单是湘西一隅，除客军一混成旅外，集中约十万人。我们部队是游击第一支队，属于靖国联军第二军，归张学济管辖。全辰州地方约五千家户口，各部分兵士大致就有两万。当时军队虽十分庞杂，各军联合组织得有宪兵稽查处，故还不至于互相战争。不过当时发行钞票过多，每天兑现时必有小孩同妇人被践踏死去。每天给领军米，各地方部队为争夺先后，互相殴打伤人，在那时也极平常。

一次军事会议的结果，上游各县重新做了一度分配，划定若干防区，军队除必须一部分沿河驻扎防卫下游侵袭外，其余照指定各县城驻防清乡。由于特殊原因，第一支队派定了开过那总司令官的家乡芷江去剿匪。

清乡所见

据传说快要清乡去了，大家莫不喜形于色。开差时每人发了一块现洋钱，我便把钱换成铜元，买了三双草鞋，一条面巾，一把名为"黄鳝尾"的小尖刀，刀靶还缚了一片绸子，刀鞘还是朱红漆就的。我最快乐的就是有了这样一把刀子，似乎一有了刀子可不愁什么了。我于是仿照那苗人连长的办法，把刀插到裹腿上去，得意扬扬的到城门边吃了一碗汤圆，说了一阵闲话，过两天便离开辰州了。

　　我们队伍共约两团，先是坐小船上行，大约走了七天，到我第一次出门无法上船的地方，再从旱路又走三天，便到了沅州所属的东乡榆树湾①。这一次我们既然是奉命来到这里清乡，因此沿路每每到达一个寨堡时，就享受那堡中有钱地主用蒸鹅肥腊肉的款待，但在山中小路上，却受了当地人无数冷枪的袭击。有一次当我们从两个长满小竹的山谷狭径中通过时，啪的一声枪响，我们便倒下了一个。听到了枪声，见到了死人，再去搜索那些竹林时，却毫无什么结果。于是把枪械从死去的身上卸下，砍了两根大竹子缚好，把他抬着，一行人又上路了。二天路程中我们部队又死去了两个，但到后我们却杀了那地

———————————
　　① 榆树湾，今属怀化市所辖。

方人将近两千。

到地后我们便与清乡司令部一同驻扎在天后宫楼上。一到第二天，各处团总来见司令办供给养时，同时就用绳子缚来四十三个老实乡下人，当夜过了一次堂，每人照呈案的罪名询问了几句，各人按罪名轻重先来一顿板子，一顿夹棍，有二十七个在刑罚中画了供，用墨涂在手掌上取了手模，第二天，我们就簇拥了这二十七个乡下人到市外田坪里把头砍了。

第一次杀了将近三十个人，第二次又杀了五个。从此一来就成天捉人，把人从各处捉来时，认罪时便写上了甘结，承认缴纳清乡子弹若干排，或某种大枪一支，再行取保释放。无力缴纳捐款，或仇家乡绅方面业已花了些钱运动必需杀头的，就随随便便列上一款罪案，一到相当时日，牵出市外砍掉。认罪了的虽名为缴出枪械子弹，其实则无枪无弹，照例作价折钱，枪每支折合一百八十元，子弹每排一元五角，多数是把现钱派人挑来。钱一送到，军需同副官点验数目不错后，当时就可取保放人。

关于杀人的纪录日有所增，我们却不必出去捉人，照例一切人犯大多数由各乡区团总地主送来。我们有时也派人把团总捉来，罚他一笔钱又再放他回家。地方人民既非常蛮悍，民国三年左右时一个黄姓的辰沅道尹，在那里杀了约两千人，民国六年黔军司令王晓珊，在那里又杀了三千左右，现时轮到我们的军队做这种事，前后不过杀一千人罢了！

那地方上行去沅州县城约九十里，下行去黔阳县城约六十里。一条河水上溯可至黔省的玉屏，下行经过湘西重要商埠的洪江可到辰州。

那地方照例五天一集，到了这一天便有猪牛肉和其他东西可买。我们用钱雇来的本地侦探，且常常到市集热闹人丛中去，指定了谁是土匪处派来的奸细，于是捉回营里去一加搜查，搜出了一些暗号，认定他是从土匪方面派来的探事奸细时，即刻就牵出营门，到那些乡下人往来最多的桥头上，把奸细头砍下来，在地面流一摊腥血。人杀过后，大家欣赏一会儿，或用脚踢那死尸两下，踹踹他的肚子，仿佛做完了一件正经工作，有别的事情的，便散开做事去了。

住在这地方共计四个月，有两件事在我记忆中不能忘去，其一是当场集时，常常可以看到两个乡下人因仇决斗，用同一分量同一形色的刀互砍，直到一人躺下为止，我看过这种决斗两次，他们方法似乎比我那地方所有的决斗还公平。另外一件是个商会会长年纪极轻的女儿，得病死去埋葬后，当夜便被本街一个卖豆腐的年轻男子，从坟墓里挖出，背到山洞中去睡了三天，方又送回坟墓去。到后来这事为人发觉时，这打豆腐的男子，便押解过我们衙门来，随即就地正法了。临刑稍前一时，他头脑还清清楚楚，毫不胡涂，也不嚷吃嚷喝，也不乱骂，只沉默的注意到自己一只受伤的脚踝。我问他："脚被谁打伤的？"他把头摇摇，仿佛记起一件极可笑的事情，微笑了一会儿，轻轻的说："那天落雨，我送她回去，我也差点儿滚到棺材里去了。"我又问他："为什么你做这件事？"他依然微笑，向我望了一眼，好像当我是个小孩子，不会明白什么是爱的神气，不理会我，但过了一会儿，又自言自语轻轻的说："美得很，美得很。"另一个兵士就说："疯子，要杀你了，你怕不怕？"他就说："这有什么可怕的。你怕死吗？"那兵士被反问后有点害羞了，就大声恐吓他说："癫狗肏的，你不怕死吗？等一会儿就要杀你这癫子的头！"那男子于是又柔弱的笑笑，便不作声。那微笑好像在说："不知道谁是癫子。"我记得这个微笑，十余年来在我印象中还异常明朗。

怀化镇

四个月后我们移防到另一个地名怀化的小乡镇住下。这地方给我的印象，影响我的感情极其深切。这地方一切，在我《从文子集》①里一篇题作《我的教育》的记载里，说得还算详细。我到了这个地方，因为勉强可以写几个字，那时填造枪械表正需要一些写字的人，有机会把生活改变了一个方式，因此在那领饷清册上，我便成为上士司书了。

　　我在那地方约一年零四个月，大致眼看杀过七百人。一些人在什么情形下被拷打，在什么状态下被把头砍下，我皆懂透了。又看到许多所谓人类做出的蠢事，简直无从说起。这一份经验在我心上有了一个分量，使我活下来永远不能同城市中人爱憎感觉一致了。从那里以及其他一些地方，我看了些平常人不看过的蠢事，听了些平常人不听过的喊声，且嗅了些平常人不嗅过的气味；使我对于城市中人在狭窄庸懦的生活里产生的做人善恶观念，不能引起多少兴味，一到城市中来生活，弄得忧郁强悍不像一个"人"的感情了。

　　我所到的地方原来不过只是六百户左右一个小镇，地方唯一较大

————————

　　① 《从文子集》，此处系《沈从文甲集》之误。

的建筑是一所杨姓祠堂，于是我们一来便驻扎到这个祠堂中。

这里有一个官药铺，门前安置一口破锅子，有半锅黑色膏药，锅旁贴着干枯了的蛇、壁虎、蜈蚣，等等，表示货真价实。常常有那么一个穿上青洋板绫马褂，二马居蓝青布衫子，红珊瑚球小帽子的人，站在大门前边，一见到我们过路时，必机械似的把两手摊开，腰背微微弯下，和气亲人的向我们说：

"副爷，副爷，请里边坐，膏药奉送，膏药奉送。"

因为照例做兵士的总有许多理由得在身体不拘某一部分贴上一张膏药，并且各样病症似乎也都可由膏药治好。所以药铺表示欢迎驻军起见，管事的常常那么欢迎我们，并且膏药锅边总还插上一个小小纸招，写着：

欢迎清乡部队，新摊五毒八宝膏药，奉送不取分文。

既然有了这种优待，兵士火夫到那里去贴膏药的自然也不乏其人。我方明白为什么戏楼墙壁上膏药特别多的理由，原来有不要钱买的膏药，无怪乎大家竞贴膏药了。

那个豆腐作坊门前常是一汪黑水，黑水里又涌起些白色泡沫，常常有五六只肮脏大鸭子，把个嫩红的嘴巴插到泡沫里去，且喋呷出一种声音来。

那个南货铺有冰糖红糖，有海带蜇皮，有陈旧的芙蓉酥同核桃酥，有大麻饼与小麻饼。铺子里放了无数放乌金光泽的大陶瓮，上面贴着剪金的福字寿字。有成束的干粉条，又有成束的咸面，皆用皮纸包好，悬挂在半空中，露出一头让人见到。

那个烟馆门前常常坐了一个年纪四十来岁的妇人，扁扁的脸上擦了很厚一层粉，眉毛扯得细细的，故意把五倍子染绿的家机布裤子，提得高高的，露出水红色洋袜子来。见兵士同火夫过身时，就把脸掉向里面，看也不看，表示贞静，若过身的穿着长衣或是军官，她便很巧妙的做一个眼风，把嘴角略动，且故意娇声娇气喊叫屋中男子，为她做点事情。我同兵士走过身时，只看到她的背影，同营副走过时，就看到她的正面了。这点人性的姿态，我当时就很能欣赏它，注意到这些时，始终没有丑恶的感觉，只觉得这是"人"的事情。我一生活下来太熟习这些"人"的事情了。

我们部队到那地方除了杀人似乎无事可做。我们兵士除了看杀人，似乎也是没有什么可做的。

由于过分寂寞，杀人虽不是一种雅观的游戏，本部队官佐中赶到行刑地去鉴赏这种事情的实在很不乏人。有几个副官同一个上校参谋，我每次到场时，他们也就总站在那桥栏上看热闹。

到杀人时，那个学问超人的军法长，常常也马马虎虎的宣布了一下罪状，在预先写好的斩条上，勒一笔朱红，一见人犯被兵士簇拥着出了大门，便匆匆忙忙提了长衫衣角，拿起光亮白铜水烟袋，从后门菜园跑去，赶先走捷径到离桥头不远一个较高点的土墩上，看人犯到桥头大路上跪下时砍那么一刀。

若这一天正杀了人，那被杀的在死前死后又有一种出众处，或招供时十分快爽，或临刑时颜色不变，或痴痴呆呆不知事故，或死后还不倒地，于是副官处、卫队营、军需处、参谋军法秘书处，总有许久时间谈到这个被杀的人有趣味地方，或又辗转说到关于其他时节种种杀戮故事。杀人那天如正值场期，场中有人卖猪肉牛肉，刽子手照例便提了那把血淋淋的大刀，后面跟着两个火夫，抬一只竹箩，每到一个屠桌前可割三两斤肉，到后把这一箩筐猪肉牛肉各处平分，大家便把肉放到火炉上去炖好，烧酒无限制的喝着。等到各人皆有点酒意时，就常常偏偏倒倒的站起来，那么随随便便地扬起筷子，向另一个正蹲着吃喝的同事后颈上一砍，于是许多人就扭成一团，大笑大闹一阵。醉得厉害一些的，倒到地下谁也不管，只苦了那些小副兵，必得同一只狗一样守着它的主人，到主人醒来时方能睡去。

地方逢一六赶场，到时副官处就派人去摆赌抽头，得钱时，上至参谋，下至传达，人人有份。

大家有时也谈谈学问。几个高级将校，各样学识皆像个有知识的军人，有些做过一两任知事，有些还能做做诗，有些又到日本留过学。但大家都似乎因为所在地方不是说学问的地方，加之那姓杨的司令官又不识字，所以每天大家就只好陪司令官打打牌，或说点故事，烧烧鸦片烟，喝一杯烧酒。他们想狗肉吃时，就称赞我上一次做的狗肉如何可口，且总以为再来那么一次试试倒不坏。我便自告奋勇，拿了钱即刻上街。几个上级官佐自然都是有钱的，每一次罚款，他们皆照例有一份，摆赌又有一份，他们的钱得来就全无用处。不说别人，单是我一点点钱，也就常常不知道怎么去花！因此有时只要听到他们赞美了我烹调的手腕后，我还常常不告给他们，就自己跑出去把狗肉买得，一个人拿过修械处打铁炉上去，把那一腿狗肉皮肤烧烧，再同一个小副兵到溪边水里去刮尽皮上的焦处，砍成小块，用钵头装好，上街去购买各样作料，又回到修械处把有铁丝贯耳的瓦钵，悬系打铁炉上面，自己努力去拉动风箱，直到把狗肉炖得稀烂。晚饭摆上桌子时，我方要小副兵把我的创作搬来，使每个人的脸上皆写上一个惊讶的微笑，各个人的脸嘴皆为这一钵肥狗肉改了样子。于是我得意了，我便异常快乐的说："来，来，试一试，今天的怎么样！"我那么忙着，赤个双脚跑上街去又到冰冷的溪水里洗刮，又守在风箱边老半天，究竟为的是什么？就为的是临吃饭时惊讶他们那么一下！这些将校也可真算得是懂幽默，常常从楼上眼看着我手上提了狗肉，知道我正在做这件事时，只装作不知道，对于我应办的公文，那秘书官却自己来动手。

见我向他们微笑，他们总故意那么说："天气这样坏，若有点狗肉大家来喝一杯，真不错！"说了他们又互相装成抱歉的口吻说："上一次真对不起小师爷，请我们的客忙了他一天。"他们说到这里时就对我望着，仿佛从我微笑时方引起一点疑心，方带着疑问似的说："怎么，怎么，小师爷你难道又要请客了吗？这次可莫来了，再来我们就不好意思了！"可是，我笑笑，跑了。他们明白这件事，他们也没有什么不好意思。我虽然听得出他们的口吻，懂得他们的做作，但我还是欢喜那么做东请客。

就因为这点性格，名义上做的是司书，实际上每五天一场，我总得做一回厨子。大约当时我焖狗肉的本领较之写字的本领实在也高一着，我的生活兴味，对于做厨子办菜，又似乎比写点公函呈文之类更相近。

我间或同这些高等人物走出村口，往山脚下乡绅家里去吃蒸鹅喝家酿烧酒，间或又同修械处小工人上山采药摘花，找寻山果。我们各人会用篠竹做竖笛，在一支短竹上钻四个圆圆的眼儿，另一端安置一个扁扁的竹膜哨子，就可吹出新婚嫁女的唢呐声音。胡笳曲中的"娘送女""山坡羊"等，我们无一不可以合拍吹出。我们最得意处也就是四五个人各人口中含了那么一个东西向街上并排走去，呜呜喇喇声音引起许多人注意，且就此吹进营门。住在戏楼上人，先不知道是谁做的事，各人皆争着把一个大头从戏楼窗口伸出，到后明白只是我们的玩意儿时，一面大骂我们一面也就笑了许久。大致因为大家太无事可做，所以他们不久反而来跟我们学习吹这个东西，有一姓杨的参谋，便常常拿了这种绿竹小管，依傍在楼梯边吹它，一吹便是半天。

我们又常常在晚上拿了火炬镰刀到小溪里去砍鱼，用鸡笼到田中去罩鱼。且上山装套，设阱捕捉野狸同黄鼠狼。把黄鼠狼皮整个剥来，用米糠填满它的空处，晒干时用它装零件东西。

我有一次无意中还在背街发现了一个融铁工厂。

　　当我发现了那个制铁处以后，就常常一个人跑到那里去，看他们工作。因此明白那个地方制铁分四项手续，第一收买从别处担来的黄褐色原铁矿，七个小钱一斤，按分量算账。其次把买来的铁矿每一层矿石夹一层炭，再在上面压一大堆矿块，从下面升火让它慢慢的燃。第三等到六七天后矿已烘酥冷却，再把它同木炭放到黄泥做成可以倾侧的炉子里面去，一个人把炉旁风箱拉动，送空气进炉腹，等到铁汁已融化时，就把炉下一个泥塞子敲去，把黑色矿石渣先扒出来，再把炉倾侧，放光的白色融液，泻出到划成方形的砂地上，再过一会儿白汁一凝结，便成生铁板了。末了再把这些铁板敲碎放到煤火的炉上去烧红，用锤打成方条，便成为运出本地到各地去的熟铁了。我一到这里来就替他们拉风箱，风箱拉动时做出一种动人的吼声，高巍巍的炉口便喷起一股碧焰，使人耳目十分愉快。用一阵气力在这圆桶形风箱上面，不到一刻就可看到白色放光闪着火花的铁汁从缺口流出，这工作也很有意义的。若拉了一阵风箱，亲眼看过倾泻一次铁汁，我回去时便极高兴的过修械处告给那几个小工人，又看他们拉风箱打铁。我常常到修械处，我欢喜那几个小工人，我欢喜他们勇敢而又快乐的工作。我最高兴的是看他们那个麻子主任，高高的坐在一堆铁条上面，一面唱《孟姜女哭长城》，一面调度指挥三个小孩子的工作。他们或者裸着瘦瘦的膊子，舞动他们的铁锤，或用鱼头钻在铁盘上钻眼，或把敷了酱的三角形新钢镞，烧红时放到盐水里一淬，或者什么事也不做，只是蹲成一团，围到一大钵狗肉，各人用小土碗喝酒，向那麻子"师傅长师傅短"的随意乱说乱笑。说到"做男子的不勇敢可不像男子"时，那师傅若多喝了一杯，时间虽到了十一月，为了来一个证明，总说：

　　"谁愿意做大丈夫谁同我下溪里泅一阵水！"

　　到后必是师徒四人一齐从后门出去。到溪水里去乱浇一阵水，闹一阵，光着个上身跑回来，大家哈哈笑个半天。有一次还多了一个人，因为我恰恰同他们喝酒，我也就做了一次"大丈夫"。

在部中可看到的还很多，间或有什么火夫犯了事，值日副官就叫他到大堂廊下，臭骂一顿，喊："护兵，打这狗杂种一百！"于是那火夫知道是要打他了，便自动卸了裤子，趴在冷硬的石阶上，露出一个黑色的大脏臀，让板子啪啪的打，把数目打足，站起来提着裤头荷荷的哭着走了。

白日里出到街市尽头处去玩时，常常还可以看见一幅动人的图画，前面几个兵士，中间一个十二三岁的小孩子，挑了两个人头，这人头便常常是这小孩子的父亲或叔伯，后面又是几个兵，或押解一两个双手反缚的人，或押解一担衣箱，一匹耕牛。这一行人众自然是应当到我们总部去的，一见到时我们便跟了去。

晚上拷打时，常常看到他们用木棒打犯人脚下的螺丝骨，这刑罚是垫在一块方铁上执行的，二十下左右就可把一只脚的骨髓敲出。又用香火熏鼻子，用香火烧胸胁。又用铁棍上"地绷"，啵的一声把脚扳断，第二天上午就拖了这人出去砍掉。拷打这种无知乡民时，我照例得坐在一旁录供，把那些乡下人在受刑不过情形中胡胡乱乱招出的口供，记录在一角公文纸上。末后兵士便把那乡下人手掌涂了墨，在公文末尾空白处按个手迹，这些东西末了还得归我整理，再交给军法官存案。

姓文的秘书

当我已升作司书常常伏在戏楼上窗口边练字时，从别处地方忽然来了一个趣人①，做司令部的秘书官。这人当时只能说他很有趣，现在想起他那个风格，也做过我全生活一颗钉子，一个齿轮，对于他有可感谢处了。

这秘书先生小小的个儿，白脸白手，一来到就穿了青缎马褂各处拜会。这真是稀奇事情。部中上下照例全不大讲究礼节，吃饭时各人总得把一只脚跷到板凳上去，一面把菜饭塞满一嘴，一面还得含含胡胡骂些野话。不拘说到什么人，总得说：

"那杂种，真是……"

这种辱骂并且常常是一种亲切的表示，言语之间有了这类语助词，大家谈论就仿佛亲爱了许多。小一点且常喊小鬼、小屁眼客，大一点就喊吃红薯吃糟的人物，被喊的也从无人作兴生气。如果见面只是规规矩矩寒暄，大家倒以为是从京里学来的派头，有点"不堪承教"了。可是那姓文的秘书到了部里以后，对任何人都客客气气的，即或叫副兵，也轻言细语，同时当着大家放口说野话时，他就只微微笑着。等

---

① 此人名文颐真，湖南泸溪人，曾留学日本。

到我们熟了点，单是我们几个秘书处的同事在一处时，他见我说话，凡属自称必是"老子"，他把头摇着：

"啊呀呀，小师爷，你人还那么一点点大，一说话也老子长老子短！"

我说："老子不管，这是老子的自由。"可是我看看他那和气的样子，我有点害羞起来了。便解释我的意见："这是说来玩的，不损害谁。"

那秘书官说：

"莫玩这个，你聪明，你应当学好的，世界上有多少好事情可学！"

我把头偏着说：

"那你为老子说说，老子再看看什么样好就学什么吧。"

因为我一面说话一面看他，所以凡是说到"老子"时总不得不轻声一点，两人谈到后来，不知不觉就成为要好的朋友了。

我们的谈话也可以说是正在那里互相交换一种知识，我从他口中虽得到了不少知识，他从我口中所得的也许还更多一点。

我为他做狼嗥，做老虎吼，且告诉他野猪脚迹同山羊脚迹的分别，我可从他那里知道火车叫的声音轮船叫的声音，以及电灯电话的样子。我告他的是一个被杀的头如何沉重，那些开膛取胆的手续应当如何把刀在腹部斜勒，如何从背后踢那么一脚，他却告我美国兵英国兵穿的衣服，且告我鱼雷艇是什么，氢气球是什么；他对于我所知道的种种觉得十分新奇，我也觉得他所明白的真真古怪。

这种交换谈话各人皆仿佛各有所得，故在短短的时间中，我们便成就了一种最可纪念的友谊。他来到了怀化后，先来几天因为天气不大好，不曾清理他的东西。三天后出了太阳，他把那行李箱打开时，我看到他有两本厚厚的书，字那么细小，书却那么厚实，我竟吓了一跳。他见我为那两本书发呆，就说：

"小师爷，这是宝贝，天下什么都写在上面，你想知道的各样问题，全部写得有条有理。"

这样说来更使我敬畏了。我用手摸摸那书面，恰恰看到书脊上两个金字，我说：

"《辞源》，《辞源》。"

"正是《辞源》。你且问我不拘一样什么古怪的东西，我立刻替你找出。"

我想了想，一眼望到戏楼下诸葛亮三气周瑜的浮雕木刻，我就说："诸葛孔明卧龙先生怎么样？"他即刻低下头去，前面翻翻后面翻翻，一会儿就被他翻出来了。到后另外又翻了一件别的东西。我快乐极了。他看我自己动手乱翻乱看，恐怕我弄脏了他的书，就要我下楼去洗手再来看。我相信了他的话，洗过了手还乱翻了许久。

因为他见我对于他这一本宝书爱不释手，就问我看过报没有。我说："老子从不看报，老子不想看什么报。"他却从他那《辞源》上翻出"老子"一条来，我方知道老子就是太上老君，太上老君竟是真有的人物。我不再称自己作太上老君，我们却来讨论报纸。于是同另一个老书记约好，三人各出四毛钱，订一份《申报》来看，报钱买成邮花寄往上海后，报还不曾寄来，我就仿佛看了报，且相信他的话，报纸是了不得的东西，我且俨然就从报纸上学会许多事情了。这报纸一共订了两个月，我似乎从那上面认识了好些生字。

这秘书虽把我当个朋友看待，可是我每天想翻翻他那本宝书可不成。他把书好好放在箱子里，他对这书显然也不轻视的。既不能成天翻那本书，我还是只能看看《秋水轩尺牍》，或从副官长处一本一本地把《西游记》借来看看。办完公事不即离开白木桌边时，从窗口望去正对着戏台，我就用公文纸头描画戏台前面的浮雕。我的一部分时间，跟这人谈话，听他说下江各样东西，大部分时间，还是到外边无限制的玩。但我梦里却常常偷翻他那宝书，事实上也间或有机会翻翻那宝书。氢气是什么,《淮南子》是什么,参议院是什么,就多半从那本书上知道的。

驻扎到这里来名为清乡,实际上便是就食。从湘西方面军队看来,过沅州清乡,比较据有其他防地占了不少优势,当时靖国联军第二军实力尚厚,故我们部队能够得到这片地土。为时不久,靖国联军一军队伍节制权由田应诏转给了他的团长陈渠珍①后,一二军的势力有了消长。二军杂色军队过多,无力团结,一军力图自强,日有振作。做民政长兼二军司令的张学济,在财政与军事两方面,支配处置皆发生了困难,第一支队清乡除杀人外既毫无其他成绩,军誉又极坏,因此防地发生了动摇。当一军陈部从麻阳开过,本部感受压迫时,既无法抵抗,我们便在一种极其匆忙中退向下游。于是仍然是开拔,用棕衣包裹双脚,在雪地里跋涉,又是小小的船浮满了一河。五天后我又到辰州了。

军队防区既有了变化,杂牌军队有退出湘西的模样,二军全部皆用"援川"名义,开过川东去就食。我年龄由他们看来,似乎还太小了点,就命令我同一个老年副官长,一个跛脚副官,一个吃大烟的书记官,连同二十名老弱兵士,留在后方的留守部。

军队开走后,我除了每三天誊写一份报告,以及在月底造一留守处领饷清册呈报外,别的便无事可做。街市自从二军开拔后,似乎也清静多了。我每天仍然常常到那卖汤圆处去坐坐,间或又到一军学兵营看学兵下操。或听副官长吩咐,与一个兵士为他过城外水塘边去钓蛤蟆,把那小生物弄回部里给他下酒。

---

① 陈渠珍,别号玉鏊,湖南凤凰人,1882 年生,毕业于湖南武备学堂。1919 年下半年接替田应诏任湖南靖国联军第一军军长,1920 年任湘西巡防统领。

女 难

我欢喜辰州那个河滩，不管水落水涨，每天总有个时节在那河滩上散步。那地方上水船下水船虽那么多，由一个内行眼中看来，就不会有两只相同的船。我尤其欢喜那些从辰溪一带载运货物下来的高腹昂头"广舶子"，一来总斜斜的孤独的搁在河滩黄泥里，小水手从那上面搬取南瓜、茄子、成束的生麻、黑色放光的圆瓮。那船在暗褐色的尾梢上，常常晾得有朱红裤褂，背景是黄色或浅碧色一派清波，一切皆那么和谐，那么愁人。

　　美丽总是愁人的。我或者很快乐，却用的是发愁字样。但事实上每每见到这种光景。我总默默的注视许久。我要人同我说一句话，我要一个最熟的人，来同我讨论这些光景。可是这一次来到这地方，部队既完全开拔了，事情也无可做的，玩时也不能如前一次那么高兴了。虽仍然常常到城门边去吃汤圆，同那老人谈谈，看看街，可是能在一堆玩，一处过日子，一阵子说话的，已无一个人。

　　我感觉到我是寂寞的。记得大白天太阳很好时，我就常常爬到墙头上去看驻扎在考棚的卫队玩。有时又跑到井边去，看人家轮流接水，看人家洗衣，看他们做豆芽菜的浇水进桶里去。我坐在那井栏一看就是半天。有时来了一个挑水的老妇人，就帮着这妇人做做事，把桶递过去，把瓢递过去。我有时又到那靠近学校的城墙上去，看那些教会学生玩球，或互相用小小绿色柚子抛掷，或在那坪里追赶扭打。我就坐在城墙上看热闹，间或他们无意中把球踢上城时，学生们懒得上城捡取，总装成怪和气的样子：

"小副爷，小副爷，帮个忙，把我们皮球抛下来。"

我便赶快把球拾起，且仿照他们把脚尖那么一踢，于是那皮球便高高的向空中蹿去，且很快的落到那些年轻学生身边了。那些人把赞许与感谢安置在一个微笑里，有的还轻轻的呀了一声，看我一眼，即刻又竞争皮球去了。我便微笑着，照旧坐下来看别人的游戏，心中充满了不可名言的快乐。我虽做了司书，因为穿的还是灰布袄子，故走到什么地方去，别人总是称呼我作"小副爷"。我就在这些情形中，以为人家全不知道我身份，感到一点秘密的快乐。且在这些情形中，仿佛同别个世界里的人也接近了一点。我需要的就是这种接近。

可是不到一会儿，那学校响了上堂铃，大家一窝蜂散了，只剩下一个圆圆的皮球在草坪角隅，墙边不知名的繁花正在谢落，天空静静的，我望到日头下自己的扁扁影子，有说不出的无聊。我得离开这个地方，得沿了城墙走去。有时在城墙上见一群穿了花衣的女人从对面走来，小一点的女孩子远远的一看到我，就"三姐二姐"的乱喊，且说"有兵有兵"，意思便想回头走去。我那时总十分害羞，赶忙把脸向雉堞缺口向外望去，好让这些人从我身后走过，心里却又对于身上的灰布军衣有点抱歉。我以为我是读书人，不应当被别人厌恶。可是我有什么方法使不认识我的人也给我一份尊敬？我想起那册厚厚的《辞源》，想起三个人共同订的那一份《申报》，还想起《秋水轩尺牍》。

就在这一类隐隐约约的刺激下，我有时回到部中，坐在用公文纸裱糊的桌面上，发愤去写细字，一写便是半天。

时间过去了，春天夏天过去了，且重新又过年了。川东鄂西的消息来得够坏。只听说我们军队在川边已同当地神兵接了火，接着就说得退回湖南，第三次消息来时，却说我们军队全部都覆灭了，营长、团长、旅长、军法长、秘书长、参谋长完全皆被杀了。这件事最初不能完全相信，做留守的老副官长就亲自跑过二军留守部去问，到时那边正接到一封详细电报，把我们总司令部如何被人袭击，如何占领，如何残杀的事，一一说明。拍发电报的就正是我的上司。他幸运先带一团人过湘境龙山布防，因此方不遇难。

好，这一下可好！熟人全杀尽了，兵队全打散了，这留守处还有什么用处？自从得到了详细报告后，五天之中我们便领了遣散费，各人带了护照各自回家。

回到家中约在八月。一到十二月，我又离开家中过沅州。家中实在蹲不住，军队中不成，还得另想生路，沅州地方应当有机会。那时正值大雪，既出了几次门，有了出门的经验，把生棕衣毛松松的包裹到两只脚，背了个小小包袱，跟着我一个亲戚的轿后走去，脚倒全不怕冻。雪实在大了点，山路又窄，有时跌到了雪坑里去，便大声喊呼，必得那脚夫把扁担来援引方能出险。可是天保佑，跌了许多次数我却不曾受伤。走了四天到地以后我暂住在一个舅父①家中，不久舅父做了警察所长，我就做了那小小警察所的办事员。办事处在旧县衙门，我的职务只是每天抄写违警处罚的条子。隔壁是个典狱署，每夜皆可听到监狱里犯人受狱中老犯拷掠的呼喊。警察署也常常捉来些偷鸡摸狗的小窃，一时不即发落，便寄存到牢狱里去，因此每天黄昏将近牢狱里应当收封点名时，照例我也得同一个巡官，拿一本点名册，跟着进牢狱里去，点我们这边寄押人犯的名。点完名后，看着他们那方面的人把重要犯人一一加上手镣，必需套枷的还戴好方枷，必需固定的

---

① 指沈从文的堂舅黄巨川。

还把他们系在横梁铁环上，几个人方走出牢狱。

警察署不久从地方财产保管处接收了本地的屠宰税，我这办事员因此每天又多了一份职务。每只猪抽收六百四十文的税捐，我便每天填写税单。另外派了人去查验，恐怕那查验的舞弊不实，我自己也得常常出来到全城每个屠案桌边看看。这份职务有趣味处倒不是查出多少漏税的行为，却是我可以因此见识许多事情。我每天得把全城跑到，还得过一个长约一里在湘西方面说来十分著名的长桥，往对河地方去看看。各个店铺里的人俱认识我，同时我也认识他们。成衣铺、银匠铺、南纸店、丝烟店，不拘走到什么地方，便有人向我打招呼，我随处也照例谈谈玩玩。这些商店主人照例就是本地绅士，常常同我舅父喝酒，也知道许多事情皆得警察所帮忙，因此款待我很不坏。

另外还有个亲戚，在本地又是一个大拇指人物，有钱，有势，从知事起任何人物任何军队皆对他十分尊敬，从不敢稍稍得罪他。这个亲戚对于我的能力，也异常称赞。

那时我的薪水每月只有十二千文，一切事倒做得有条不紊。

大约正因为舅父同另外那个亲戚每天作诗的原因，我虽不会作诗，却学会了看诗。我成天看他们作诗，替他们抄诗，工作得很有兴致。因为盼望所抄的诗被人嘉奖，我开始来学写小楷字。因为空暇的时间仍然很多，恰恰那亲戚家中有两大箱商务印行的《说部丛书》，这些书便轮流做了我最好的朋友。我记得迭更司①的《冰雪因缘》《滑稽外史》《贼史》这三部书，反复约占去了我两个月的时间。我欢喜这种书，因为它告给我的正是我所要明白的。它不别的书说道理，它只记下一些现象。即或它说的还是一种很陈腐的道理，但它却有本领把道理

---

① 迭更司，今通译狄更斯，英国著名小说家。其小说《滑稽外史》即《匹克威克外传》，《贼史》今通译为《雾都孤儿》。

包含在现象中。我就是个不想明白道理却永远为现象所倾心的人。我看一切，却并不把那个社会价值搀加进去，估定我的爱憎。我不愿向价钱上的多少来为百物做一个好坏批评，却愿意考查它在我官觉上使我愉快不愉快的分量。我永远不厌倦的是"看"一切。宇宙万汇在动作中，在静止中，我皆能抓定她的最美丽与最调和的风度，但我的爱好却不能同一般目的相合。我不明白一切同人类生活相联结时的美恶，另外一句话说来，就是我不大能领会伦理的美。接近人生时我永远是个艺术家的感情，却绝不是所谓道德君子的感情。可是，由于社会人与人的关系产生的各种无固定性的流动的美，德行的愉快，责任的愉快，在当时从别人看来，我也是毫无瑕疵的。我玩得厉害，职分上的事仍然做得极好。

那时节我的母亲同姊妹，已把家中房屋售去，剩下几千块钱，既把老屋售去不大好意思在本城租人房子住下，且因为我事情做得很好，沅州的亲戚又多，便坐了轿子来到沅州，我们一同住下。本地人只知道我家中是旧家，且以为我们还能够把钱拿来存放钱铺里，我又那么懂事明理有作有为，那在当地有势力的亲戚太太，且恰恰是我母亲的妹妹，因此无人不同我十分要好，母亲也以为一家的转机快到了。

假若命运不给我一些折磨，允许我那么把岁月送走，我想象这时节我应当在那地方做了一个小绅士，我的太太一定是个略有财产商人的女儿，我一定做了两任知事，还一定做了四个以上孩子的父亲。照情形看来，我的生活是应当在那么一个公式里发展的。这点打算不是现在的想象，当时那亲戚就说到了。因为照他意思看来，我最好便是做他的女婿，所以别的人请他向我母亲询问对于我的婚事意见时，他总说得慢一点。

不意事业刚好有些头绪，那做警察所长的舅父，却害肺病死掉了。因他一死，本地捐税抽收保管改为一个新的团防局，我得到职务上"不疏忽"的考语，仍然把职务接续下去，改到了新的地方，做了新机关的收税员。改变以后情形稍稍不同的，我得每天早上一面把票填好，一面还得在十点后各处去查查。不久在那团防局里我认识了十来个绅士，却同时认识一个白脸长身的小孩子。由于这小孩子同我十分要好，半年后便有一个脸儿白白的身材高的女孩印象，把我生活完全弄乱了。

我是个乡下人，我的月薪已从十二千增加到十六千，我已从那些本地乡绅方面学会了刻图章，写草字，做点半通不通的五律七律，我年龄也已经到了十七岁。在这样情形下，一个样子诚实聪明懂事的年轻人，和和气气邀我到他家中，去看他的姐姐，请想想，我结果怎么样。

乡下人有什么办法，可以抵抗这命运所摊派的一分？

当那在本地翘大拇指的亲戚，隐隐约约明白了这件事情时，当一些乡绅知道了这件事情时，每个人都劝告我不要这么傻。有些本来看中了我，同我常常作诗的绅士，就向我那有势力的亲戚示意，愿意得到这样一个女婿。那亲戚于是把我叫去，当着我的母亲，把四个女孩子提出来问我看谁好就定谁。四个女孩子中就有我一个表妹。老实说来，我当时也还明白四个女孩子生得皆很体面，比另外那一个强得多，全是在平时不敢希望得到的好女孩子。可是上帝的意思与魔鬼的意思两者必居其一，我以为我爱了另外那个白脸女孩子，且相信那白脸男孩子的谎话，以为那白脸女孩子也正爱我。一份离奇的命运，行将把我从这种庸俗生活中攫去，再安置到此后各样变故里，因此我当时同我那亲戚说："那不成，我不做你的女婿，也不做店老板的女婿。我有计划，得自己照我自己的计划做去。"什么计划？真只有天知道。

我母亲什么也不说，似乎早知道我应分还得受多少折磨，家中人也免不了受许多磨难的样子，只是微笑。那亲戚便说："好，那我们看，一切有命，莫勉强。"

那时节正是三月，四月中起了战事，八百土匪把一个小城团团围住，在城外各处放火，四百左右驻军同一百左右团丁站在城墙上对抗，到夜来流弹满天交织，如无数紫色小鸟振翅，各处皆喊杀连天。三点钟内城外即烧去了七百栋房屋。小城被围困共计四天，外县援军赶到方解了围。这四天中城外的枪炮声我一点儿也不关心，那白脸孩子的谎话使我只知道有一件事情，就是我已经被一个女孩子十分关切，我行将成为他的亲戚。我为他姊姊无日无夜作旧诗，把诗做成他一来时便为我捎去。我以为我这些诗必成为不朽作品，他说过，他姊姊便最欢喜看我的诗。

我家中那点余款本来归我保管存放的。直到如今，我还不明白为什么那白脸孩子今天向我把钱借去，明天即刻还我，后天再借去，大后天又还给我，结果算去算来却有一千块钱左右的数目，任何方法也算不出用它到什么方面去。这钱居然无着落了。但还有更坏的事。

到这时节一切全变了，他再不来为我把每天送他姊姊的情诗捎去了，那件事情不消说也到了结束时节了。

我有点明白，我这乡下人吃了亏。我为那一笔巨大数目着了骇，每天不拘做任何事都无心情。每天想办法处置，却想不出比逃走更好的办法。

因此有一天，我就离开那一本账簿，同那两个白脸姊弟，四个一见我就问我"诗作得怎么样"的理想岳丈，四双眼睛漆黑身长苗条发辫极大的女孩印象，以及我那个可怜的母亲同姊妹走了。为这件事情，我母亲哭了半年。这老年人不是不原谅我的荒唐，因我不可靠用去了这笔钱而流涕；却只为的是我这种乡下人的气质，到任何处总免不了吃亏，而想来十分伤心。

常　德

我本预备到北京的，但去不成。我本想走得越远越好，正以为我必得走到一个使人忘却了我的存在，种种过失，也使自己忘却了自己种种痴处蠢处的地方，方能够再活下去。可是一到常德后，便有个人①把我留下了。

　　到常德后一时什么事也不能做，只住在每天连伙食共需三毛六分钱的小客栈里打发日子，因此最多的去处还依然同上年在辰州军队里一样，一条河街占去了我大部分生活。辰州河街不过几家做船上人买卖的小茶馆，同几家与船上人做交易的杂货铺，常德的河街可不同多了。这是一条长约两里的河街，有客栈，有花纱行，有油行，有卖船上铁锚铁链的大铺子，有税局，有各种会馆与行庄。这河街既那么长又那么复杂，长年且因为被城中人担水把地面弄得透湿的，我每天来回走个一回两回，又在任何一处随意蹲下欣赏当时那些眼前发生的新事，以及照例存在的一切，日子很快的也就又夜下来了。

　　那河街既那么长，我最中意的是名为麻阳街的一段。那里一面是城墙，一面是临河而起的一排陋隘逼窄的小屋。有烟馆同面馆，有卖

---

　　① 此人是沈从文大舅的儿子，他的表兄黄玉书。

绳缆的铺子，有杂货字号，有屠户，有铸铁锚与琢硬木活车以及贩卖小船上应用器具的小铺子。又有小小理发馆，走路的人从街上过身时，总常常可见到一些大而圆的脑袋，带了三分呆气在那里让剃头师傅用刀刮头，或偏了头搁在一条大腿上，在那里向阳取耳。有几家专门供船上划船人开心的妓院，常常可以见到三五个大脚女人，身穿蓝色印花洋布衣服，红花洋布裤子，粉脸油头，鼻梁根扯得通红，坐在门前长凳上剥朝阳花子，见有人过路时就迷笑迷笑，且轻轻的用麻阳人腔调唱歌。这一条街上龌龊不过，一年总是湿漉漉的不好走路，且一年四季总不免有种古怪气味。河中还泊满了住家的小船，以及从辰河上游洪江一带装运桐油牛皮的大船。上游某一帮船只拢岸时，这河街上各处都是水手，只看到这些水手手里提了干鱼，或扛了大南瓜，到处走动，各人皆忙匆匆的把从上游本乡带来的礼物送给亲戚朋友。这街上又有些从河街小屋子里与河船上长大的小孩子，大白天三三五五捧了红冠公鸡，身前身后跟了一只肥狗，街头街尾各处找寻别的公鸡打架。一见了什么人家的公鸡时，就把怀里的鸡远远抛去，各占据着那堆积在城墙脚下的木料下观战。自己公鸡战败时，就走拢去踢别的公鸡一脚出气。或者因点别的什么事，同伙两人互骂了一句娘，看看谁也不能输那一口气，就在街中很勇敢的揪打起来，缠成一团揉到烂泥里去。

那街上卖糕的必敲竹梆，卖糖的必打小铜锣，这些人在引起别人注意方法上，皆知道在过街时口中唱出一种放荡的调子，同女人身体某一些部分相关。街上又常常有妇女坐在门前矮凳上大哭乱骂，或者用一把菜刀，在一块木板上一面砍一面骂那把鸡偷去宰吃了的人。那街上且常常可以看到穿了青羽缎马褂，新浆洗过蓝布长衫的船老板，带了很多礼物来送熟人。街头中又常常有唱木头人戏的，当街靠城架了场面，在一种奇妙处置下，当当当当蓬蓬当的响起锣鼓来，许多人便张大了嘴看那个傀儡戏，到收钱时却一哄而散。

那街上有个茶馆，一面临街，一面临河，旁边甬道下去就是河码头，从各小船上岸的人多从这甬道上下，因此来去的人也极多。船上到夜来各处全是灯，河中心有许多小船各处摇去，弄船人拖出长长的声音卖烧酒同猪蹄子粉条。我想象那个粉条一定不坏，很愿意有一个机会到那小船上去吃点什么，喝点什么，但当然办不到。

我到这街上来来去去，看这些人如何生活，如何快乐又如何忧愁，我也就仿佛同样得到了一点生活意义。

我又间或跑向轮船码头去看那些从长沙从汉口来的小轮船，在趸船一角怯怯的站住，看那些学生模样的青年和体面女人上下船，看那些人的样子，也看那些人的行李。间或发现了一个人的皮箱上贴了许多上海北京各地旅馆的标志，我总悄悄的走过去好好的研究它一番，估计这人究竟从哪儿来。内河小轮船刚一抵岸，在我这乡巴佬的眼下实在是一个奇观。

我间或又爬上城去，在那石头城上兜一个圈子，一面散步，一面且居高临下的欣赏那些傍了城墙脚边住家的院子里一切情形。在近北门一方面，地邻小河，每天照例有不少染坊工人，担了青布白布出城过空场上去晒晾，又有军队中人放马，又可看到埋人，又可看鸭子同白鹅。一个人既然无事可做，因此到城头看过了城外的一切，还觉得有点不足时，出城到那些大场里去找染坊工人与马夫谈话，情形也就十分平常。我虽然已经好像一个读书人了，可是事实上一切精神却更近于一个兵士，到他们身边时，我们谈到的问题，实在就比我到一个学生身边时可谈的更多。就现在说来，我同任何一个下等人就似乎有很多方面的话可谈，他们那点感想，那点观念，也大多数同我一样，皆从实生活取证来的。可是若同一个大学教授谈话，他除了说从书本上学来的那一套心得以外，就是说从报纸上学来的他那一份感想，对于一个人的成分，总似乎缺少一点什么似的。可说的也就很少很少了。

我有时还跟随一队埋人的行列，走到葬地去，看他们下葬时所用的一些手续与我那地方的习俗如何不同。

另外那件使我离开原来环境逃亡的事，我当然没有忘记，我写了些充满忏悔与自责的书信回去，请求母亲的原恕，母亲知道我并不自杀，于是来信说："已经做过了的错事，没有不可原恕的道理。你自己好好的做事，我们就放心了。"接到这些信时，我便悄悄到城墙上去哭。因为我想象得出，这些信由母亲口说姊姊写到纸上时，两人的眼泪一定是挂在脸上的。

我那时也同时听到了一个消息，就是那白脸孩子的姊姊，下行读书，在船上却被土匪抢入山中做押寨夫人去了。得到这消息后，我便在那小客店的墙壁上写下两句别人的诗，抒写自己的感慨："佳人已属沙吒利，义士今无古押衙。"义士虽无古押衙，其实过不久这女孩就从土匪中花了一笔很可观的数目赎了出来，随即同一个黔军团长结了婚。但团长不久又被枪毙，这女人便进到沅州本地的天主堂做洋尼姑去了。

我当然书也不读，字也不写，诗也无心再作了。

那时我之所以留在常德不动，就因为上游九十里的桃源县，有一个清乡指挥部，属于我本地军队，这军队也就是当年的靖国联军第一军的一部分。那指挥官节制了三个支队，本人虽是个贵州人，所有高级官佐却大半是我的同乡。朋友介我到那边去，以为做事当然很容易。那时节何键正做骑兵团长，归省政府直辖，贺龙做支队司令，归清乡指挥统辖，部队全驻防桃源县。我得到了介绍信之后，就拿了去会贺龙，又去晋谒熟人，向清乡指挥部谋差事。可是两处虽有熟人却毫无结果。书记差遣一类事情既不能做，我愿意当兵，大家又总以为我不能当兵。不过事情虽无结果，熟人在桃源的既很多，我却可以常常坐小轮船过桃源来玩了。那时有个表弟①正从上面委派下来做译电，我一到桃源时，就住在他那里。两人一出外还仍然是到河边看来往船只。我离开那个清乡军队已两年，再看看这个清乡军队，一切可完全变了。枪械、纪律，完全不同过去那么马虎，每个兵士都仿佛十分自重，每个军官皆服装整齐凸着胸脯在街上走路，平时无事兵士全不能外出，职员们办公休息各有定时；军队印象使我十分感动。

那指挥官虽自行伍出身，一派文雅的风度，却使人看不出他的本来面目，笔下既异常敏捷，做事又富有经验，好些日子听别人说到他时就使我十分倾心。因此我那时就只想：若能够在他那儿当一名差弁，也许比做别的事更有意思。可是我尽这样在心中打算了很久，却终不能得到一个方便机会。

---

① 指沈从文的姨表弟聂清。

船　上

住在那小旅馆实在不是个办法，每天虽只三毛六分钱，四个月以来欠下的钱很像个大数目了。欠账太多了，非常怕见内老板，每天又必得同她在一桌吃饭。她说的话我可以装作不懂，可是仍然留在心上，挪移不开。桃源方面差事既没有结果，那么，不想个办法，我难道就做旅馆的伙计吗？恰好那时有一只押运军服的帆船，正预备上行，押运人就是我哥哥一个老朋友，我也同他在一堆吃过喝过。一个做小学教员的亲戚，答应替我向店中办个交涉，欠账暂时不说，将来发财再看。在桃源的那个表弟，恰好也正想回返本队，因此三人就一同坐了这小船上驶。我的行李既只是一个用面粉口袋改作的小小包袱，所以上船时实在洒脱方便。

　　船上装满了崭新棉布军服，把军服摊开，就躺到那上面去，听押船上行的曾姓朋友，说过去生活中种种故事，我们一直在船上过了四十天。

　　这曾姓朋友读书不多，办事却十分在行，军人风味的勇敢，爽直，正如一般篁人的通性，因此说到任何故事时，也一例能使人神往意移。他那时年纪不会过二十五岁，却已赏玩了四十名左右的年轻黄花女。他说到这点经验时，从不显出一分自负的神气，不骄傲，不矜持。他说这是他的命运，是机缘的凑巧。从他口中说出的每个女子，皆仿佛各有一份不同的个性，他却只用几句最得体最风趣的言语描出。我到后来写过许多小说，描写到某种不为人所齿及的年轻女子的轮廓，不至于失去她当然的点线，说得对，说得美，就多数得力于这个朋友的叙述。一切粗俗的话语，在一个直爽的人口中说来，却常常是妩媚的。这朋友最爱说的就是粗野话，总仿佛不用口去亲女人下体时，就得用口来说它。在我作品中，关于丰富的俗语与双关比譬言语的应用，从他口中学来的也不少。（这人就是《湘行散记》中那个戴水獭皮帽子大老板。）

我临动身时有一块七毛钱，那豪放不羁的表弟却有二十块钱，但七百里航程还只走过八分之一时，我们所有的钱却已完全花光了。把钱花光后我们仍然有说有笑，各人躺在温暖软和的棉军服上面，说粗野的故事，喝寒冷的北风，让船儿慢慢拉去，到应吃饭时，便用极厉害的辣椒在火中烧焦蘸盐下饭。

船只因为得随同一批有兵队护送的货船同时上行，一百来只大小不等的货船，每天皆同时拔锚，同时抛锚，故景象十分动人。但辰河滩水既太多，行程也就慢得极可以。任何一只船出事时皆得加以援助，一出事总就得停顿半天。天气又冷，河水业已下落，每到滩上河槽容船处都十分窄，船夫在这样天气下，还时时刻刻得下水中拉纤，故每天即或毫无阻碍也只能走三十里。送船兵士到了晚上有一部分人得上岸去放哨，大白天则全部上岸跟着船行，所以也十分劳苦。这些兵士经过上司的命令，送一次船一个钱也不能要，就只领下每天二毛二分钱的开差费，但人人却十分高兴，一遇船上出事时，就去帮助船夫，做他们应做的事情。

我们为了减轻小船的重量，也常常上岸走去，不管如何风雪，如何冷，在河滩上跟着船夫的脚迹走去，遇他们落水，我们便从河岸高山上绕道走去。

　　常德到辰州四百四十里，我们一行便走了十八天，抵岸那天恰恰是正月一日，船傍城下时已黄昏，三人空手上岸，走到市街去看了一阵春联，从一个屠户铺子经过，我正为他们说及四年前见到这退伍兵士屠户同人殴打，如《水浒》上的镇关西，谁也不是他的对手。恰恰这时节我们前面一点就抛下了一个大爆竹，轰的一声，吓了我们一跳。那时各处虽有爆竹的响声，但曾姓朋友却以为这个来得古怪。看看前面不远又有人走过来，就拖我们稍稍走过了屠户门前几步，停顿了一下，那两个商人走过身时，只见那屠户家楼口小门里，很迅速的又抛了一个爆竹下来，又是轰的一声，那两个商人望望，仿佛知道这件事，赶快走开了。那曾姓朋友说："这狗杂种故意吓人，让我们去拜年吧。"还来不及阻止，他就到那边拍门去了。一面拍一面和气异常的说："老板，老板，拜年，拜年！"一会儿有个人来开门，把门开时，曾姓朋友一望，就知道这人是镇关西，便同他把手拱拱，冷不防在那高个子眼鼻之间就是结结实实一拳，那家伙大约多喝了杯酒，一拳打去就倒到烛光辉煌的门里去了。只听到哼哼乱骂，但一时却爬不起来，且有人在楼上问什么什么，那曾姓朋友便说："狗肏的，把爆竹从我头上丢来，你认错了人。老子打了你，有什么话说，到中南门河边送军服船上来找我，我名曾祖宗。"一面说，一面便取出一个名片向门里抛去，拉着我们两人的膀子，哈哈大笑迈步走了。

　　我们倒以为那个镇关西会赶来的，因此各人随手还拾了些石头，须备来一场恶斗，谁知身后并无人赶来。上船后，尚以为当时虽不赶来，过不久定有人在泥滩上喊曾芹轩，叫他上岸比武。这朋友腹部临时还缚了一个软牛皮大抱肚，选了一块很合手的湿柴，表弟同我却各人拿了好些石块，预备这屠户来说理。也许一拳打去那家伙已把鼻子打塌了，也许听到寻事的声音是镇筸人，知道不大好惹，且自己先输了理，故不敢来第二次讨亏吃了，因此我们竟白等了一个上半夜。这个年也就在这类可笑情形中过了。第二天一早，船又离开辰州河岸，开进辰河支流的北河了。

从辰州上行，我们仍然沿途耽搁，走了十四天，在离目的地七十里的一个滩上，轮到我们的船出险了。船触大石后断了缆。右半舷业已全碎，五分钟后就满了水，恰好船只装的是军服，一时不即沉没，我们便随了这破船，急水中漂浮了约三里，那时船上除了我们三人，就只一个拦头工人一个舵手。水既激急，所以任何方法总不能使船安全泊岸。然而天保佑，到后居然傍近浅处了。慢慢的十几个拉纤的船夫赶来了，兵士赶来了，大家什么话也不说，只互相对望干笑。于是我们便爬到岸边高崖上去，让船中人把搁在浅处的碎船篷板拆下，在河滩上做起一个临时棚子，预备过夜。其余船只因为两天后已可到地，就不再等我们，全部把船开走了。本地虽无土匪，却担心荒山中有野兽，船夫们烧了两大堆火，我们便在那个河滩上听了一夜滩声，过了一个元宵。

保　靖

目的地到达后，我住在一个做书记的另一表弟那里。无事可做等事做，照本地话说名为"打流"。这名词在吃饭时就见出了意义。每天早晚应吃饭时，便赶忙跑到各位老同事老同学处去，不管地方，不问情由，一有吃饭机会总不放过机会。这些人有做书记的，每月大约可得五块到十块钱，有做副官的，每月大约可得十二块到十八块钱。还有做传达的，数目比书记更少。可是在这种小小数目上，人人却能尽职办事，从不觉得有何委屈，也仍然是在日光下笑骂吃喝，仍然是有热有光的打发每一个日子。职员中肯读书的，还常常拿了书到春天太阳下去读书。预备将来考入军官学校的，每天大清早还起来到卫队营去附操，一般高级军官，生活皆十分拮据，吃粗粝的饭，过简陋的日子，然而极有朝气，全不与我三年前所见的军队相像。一切都得那个精力弥满的统领官以身作则，擘画一切，调度一切，使各人能够在职务上尽力，不消沉也不堕落。这统领便是先一时的靖国联军一军司令，直到现在，还依然在湘西抱残守缺，与一万余年轻军人同过那种甘苦与共的日子。

　　当时我的熟人虽多，地位都很卑下，想找工作却全不能靠谁说一句话。我记得那时我只希望有谁替我说一句话，到那个军人身边去做一个护兵。且想即或不能做这人的护兵，就做别的官佐护兵也成。因此常常从这个老朋友处借来一件干净军服，从另一个朋友又借了条皮带，从第三个又借了双鞋子，大家且替我装扮起来，把我打扮得像一个有教育懂规矩的兵士后，方由我那表弟带我往军法处、参谋处、秘书处，以及其他地方，拜会那些高级办事员，先在门边站着，让表弟进去呈报。到后听说要我进去了，一走进去时就霍的立一个正，做着各样询问的答复，再在一张纸上写几个字。只记着"等等看，我们想法"，就出来了。可是当时竟毫无结果，都说可以想法，但谁也不给一个切实的办法。照我想来其所以失败的原因，大体还是一则做护兵的多用小苗人和乡下人，做事吃重点，用亲戚属中子侄，做事可靠点。二则他们都认识我爸爸，不好意思让我来为他们当差。我既无办法可想，又不能去亲自见见那位统领官，一坐下来便将近半年。

这半年中使我亲亲切切感到几个朋友永远不忘的友谊，也使我好好的领会了一个人当他在失业时萎悴无聊的心情。但从另外一方面说来，我却学了不少知识，凭一种无挂无碍到处为生的感情，接近了自然的秘密。我爬上一个山，傍近一条河，躺到那无人处去默想，漫无涯涘去做梦，所接近的世界，似乎皆更是一个结实的世界。

生活虽然那么糟，性情却依旧那么强，有一次因个小小问题，与那表弟吵了几句，半夜里不高兴再在他床上睡觉了，一时又无处可去，就走到一个养马的空屋里，爬到有干草同干马粪香味的空马槽里睡了一夜，到第二天去拿那小包袱告辞时，两人却又讲了和，笑着揉到地上扭打了一阵。但我那表弟却更有趣味。在另外一个夜里，与一个同事说到一件小事，互相争持不下时，就向那人说："您不服吗，我两人出去打一架！看看！"那人便老老实实同他披了衣服出去，到黑暗无人的菜园里，扭打了一阵，践踏坏了一大堆白菜，各人滚了一身泥，鼻青眼肿悄悄回到住处，一句话也不说。第二天上饭桌时，才为人从脸目间认出夜里情形来，互相便坦白的大笑，同时也就照常成为好朋友了。这一群年轻人大致都那么勇敢直爽，十分可爱，但十余年来，却有大半早从军官学校出身做了小军官，在历次小小内战上牺牲腐烂了。

当时我既住到那书记处，几月以来所有书记原本虽不相识，到后也自然都熟透了。他们忙时我便为他们帮帮忙，写点不重要的训令和告示，一面算帮他们的忙，一面也算我自己玩，有一次正在写一件信札，为一个参谋处姓熊的高级参谋见到，问我是什么名义。我以为应分受责备了，心里发慌，轻轻的怯怯的说："我没有名义，我是在这里玩的。帮他们忙写这个文件！"到后那书记官却为我说了一句公道话，告给那参谋，说我帮了他们很多的忙。问清楚了姓名，因此把我名单开上去，当天我就做了四块钱一月的司书。我做了司书，每天必到参谋处写字，事做完时就回到表弟处吃饭睡觉。

事业一有了着落，我很迅速的便在司书中成为一个特出的书记了。我比他们字写得实在好些。抄写文件时上面有了错误处，我能纠正那点笔误。款式不合有可斟酌处，我也看得出，说得出。我的几个字使我得到了较优越的地位，因此更努力写字。机会既只许可我这个人在这方面费去大部分时间同精力，我也并不放下这点机会。我得临帖，我那时也就觉得世界上最使人敬仰的是王羲之。我常常看报，原只注意有正书局的广告，把一点点薪水聚集下来，谨谨慎慎藏到袜统里，或鞋底里，汗衣也不作兴有两件，但五个月内我却居然买了十七块钱的字帖。

一份惠而不费的赞美，带着点幽默微笑："老弟，你字真龙飞凤舞，这公文你不写谁也就写不了！"就因为这类话语，常常可以从主任那瘪瘪口中听到，我于是当着众人业已熄灯上床时，还常常在一盏煤油灯下，很细心地用《曹娥碑》字体誊录一角公文或一份报告。

各种生活营养到我这个魂灵，使它触着任何一方面时皆若有一闪光焰。到后来我能在桌边一坐下来就是八个钟头，把我生活中所知道所想到的事情写出，不明白什么叫作疲倦，这份耐力与习惯，都出于我那做书记的命运。

我不久因工作能力比同事强，被调到参谋处服务了。

书记处所在地方，据说是彭姓土司一个妃子所住的花楼。新搬去住的参谋处，房子梁架还是年前从一个梁姓苗王处抬来的，笨大的材头，笨大的柱子，使人一见就保留一种稀奇印象。四个书记每天有训令命令抄写时，就伏在白木做成的方桌上抄写，不问早晚多少，以写完为止。文件太多了一点，照例还可调取其他部分的书记来帮忙，有时不必调请，照例他们也会赶来很高兴帮忙。把公事办完时，若那天正是十号左右发饷的日子，各人按照薪水多少不等，各领得每月中三分之一的薪饷，同事朋友必各自派出一份钱，亲自去买狗肉来炖，或由任何人做东，上街去吃面。若各人身边皆空空的，恰恰天气又很好，就各自手上拿一木棒，爬上后山顶上去玩，或往附近一土坡上去玩。那后山顶高约一里，并无什么正路，从险峻处爬到顶上时，却可以看许多地方。我们也就只是看那么一眼，不管如何困难总得爬上去。土坡附近常常有号兵在那里吹号，四周埋葬了许多小坟，每天差不多总有一起小棺材，或蒲包裹好的小小尸首，送到这地方来埋葬。当埋葬时，远近便蹲了无数野狗同小狼，埋人的一走，这坟至多到晚上，就被这群畜生扒开，小尸首便被吃掉了。这地方狼的数量不知道为什么竟那么多，既那么多为什么又不捕捉，这理由不易明白。我们每次到那小坡上去，总得带一大棒，就为的是恐怕被狼袭击，有木棒可以自卫。这畜生大白天见人时也并不逃跑，只静静的坐在坟头上望着你，眼睛光光的，牙齿白白的，你不惹它它也不惹你。等待你想用石头抛过去时，它却在石头近身以前，飞奔跑去了。

这地方每到夜间，当月晦阴雨时，就可听远远近近的狼嗥，声音好像伏在地面上，水似的各处流，低而长，忧郁而悲伤。间或还可听到后山的虎叫，昂的一声，谷中回音可延长许久。有时后山虎豹来人家猪圈中盗取小猪，从小猪锐声叫喊情形里，还可分分明明的知道山中野兽，从何处回山，经过何处。大家都已在床铺上听惯了这种声音，也不吃惊，也不出奇。可是由于虎狼太多，虽窗下就有哨兵岗位，但各人皆担心当真会有一天从窗口跃进一只老虎或一只豺狼，我们因此每夜总小心翼翼把窗门关好。这办法也并非毫无好处，有一次果然就有两只狼来爬窗子，两个背靠背放哨的兵士，深夜里又不敢开枪，用刺刀拟定这畜生时，据说两只狼还从从容容大模大样的并排走去。

我的事情既不是每天都很多很多，因此一遇无事可做时，几个人也常常出去玩。街上除了看洋袜子、白毛巾、为军士用的服装和价值两元一枚的镀金表，别的就没有什么可引起我们注意的。逢三八赶场，在三八两天方有杂货百物买卖。因此我们最多勾留的地方，还是那个河边。河边有一个码头，长年湾泊五十号左右小木船。上面一点是个税局，扯起一面大大的幡旗。有一只方头平底渡船，每天把那些欢喜玩耍的人打发过河去，把马夫打发过河去，把跑差的兵士打发过河去，又装载了不少从永顺来的商人，及由附近村子里来做小买卖的人，从对河撑回，那河极美丽，渡船也美丽。

我们有时为了看一个山洞，寻一种药草，甚至于抖一口气，也常常走十里八里，到隔河大岭上跑个半天。对河那个大岭无所不有，也因为那山岭，把一条河显得更加美丽了。

我们虽各在收入最少卑微的位置上做事，却生活得十分健康。有时即或胡闹，把所有点点钱完全花到一些最可笑事情方面去，生活也仍然是健康的。我们不大关心钱的用处，为的是我们正在生活，有许多生活，本来只需我们用身心去接近，去经验，却不必用一笔钱或一本书来做居间介绍。

　　但大家就是那么各人守住在自己一份生活上，甘心尽日月把各人拖到坟墓里去吗？可并不这样，我们各人都知道行将有一个机会要来的，机会来时我们会改造自己变更自己的，会尽我们的一份气力去好好做一个人的。应死的倒下，腐了烂了，让他完事。可以活的，就照分上派定的忧乐活下去。

　　十个月后，我们部队有被川军司令汤子模请过川东填防的消息，我们长官若答应时，便行将派四团人过川东。这消息从几次代表的行动上，决定了一切技术上问题，过不久，便因军队调动把这消息完全证实了。

一个大王

那时节参谋处有个同乡问我："军队开过四川去，要一个文件收发员，你去不去？"他且告给我若愿意去，能得九块钱一月。答应去时，他可同参谋长商量作为调用，将来要回湘时就回来，全不费事。

　　听说可以过四川去，我自然十分高兴。我心想：上次若跟他们部队去了，现在早腐了烂了。上次碰巧不死，一条命好像是捡来的，这次应为子弹打死也不碍事。当时带军队过川东的司令姓张，也就正是我二年前在桃源时想跟他当兵不成那个指挥官。贺龙做了我们部队的警卫团长，另外有一顾营长、曾营长、杨营长。有些人同去的也许都以为入川可以捞几个横财，讨一个媳妇。我所想的还不是钱不是女人。我那时自然是很穷的，六块钱的薪水，扣去伙食两块，每个月我手中就只四块钱，但假若有了更多的钱，我还是不会用它。得了钱除了充大爷邀请朋友上街去吃面，实在就无别的用处。至于女人呢，仿《疑雨集》写艳体诗情形已成过去了，我再不觉得女人有什么意思。我那时所需要的似乎只是上司方面认识我的长处，我总以为我有份长处，待培养，待开发，待成熟。另外还有一个理由，就是我很想看看巫峡。我有两个朋友为了从书上知道了巫峡的名字后，便亲自徒步从宜昌沿江上重庆走过一次。我听他们说起巫峡的大处、高处、险处、有趣味处，实在神往倾心。乡下人所想的，就正是把自己全个生命押到极危险的注上去，玩一个尽兴！我们当时的防地同川军长官汤子模约好了的，是酉阳、龙潭、彭水、龚滩，统由算军接防，前卫则到涪州为止。我以为既然到了那边，再过巫峡当然很方便了。

我既答应了那同乡，不管多少钱，不拘什么位置，皆愿意去，于是三天以后，就随了一行人马上路了。我的职务便是文件收发员。临动身时每人照例可向军需处支领薪水一月，得到九块钱后，我什么也不做，只买了一双值一块二毛钱的丝袜子，买了半斤冰糖，把余钱放在板带里。那时天气既很热，晚上还用不着棉被，为求洒脱起见，因此把自己唯一的两条旧棉絮也送给了人，自己背了小小包袱就上路了。我那包袱中的产业计旧棉袄一件，旧夹袄一件，手巾一条，夹裤一条，值一块二毛钱的丝袜子一双，青毛细呢的响皮底鞋子一双，白大布单衣裤一套。另外还有一本值六块钱的《云麾碑》，值五块钱的《圣教序》，值两块钱的《兰亭序》，值五块钱的《虞世南夫子庙堂碑》。还有一部《李义山诗集》。包袱外边则插了一双自由天竹筷子，一把牙刷，且挂了一个钻有小小圆眼用细铁丝链子扣好的搪瓷碗儿。这就是我的全部产业。这份产业现在说来，依然是很动人的。

这次旅行与任何一次旅行一样，我当然得随同伙伴走路。我们先从湖南边境的茶峒到贵州边境的松桃，又到四川边境的秀山，一共走了六天。六天之内，我们走过三个省份的接壤处，到第七天在龙潭驻了防。

这次路上增加了我经验不少，过了些用木头编成的渡筏，那些渡筏的印象，十年后还在我的记忆里，极其鲜明占据了一个位置。（《边城》即由此写成。）晚上落店时，因为人太多了一点，前站总无法分配众人的住处，各人便各自找寻住处，我却三次占据一条窄窄长凳睡觉。在长凳上睡觉，是差不多每个兵士都得养成习惯的一件事情，谁也不会半夜掉下地来。我们不只在凳上睡，还在方桌上睡。第三天住在一个乡下绅士家里，便与一个同事两人共据了一张漆得极光的方桌，极安适的睡了一夜。有两次连一张板凳也找寻不出时，我同四个人就睡在屋外稻草堆上，半夜里还可看流星在蓝空中飞！一切生活当时看来皆不使人难堪，这类情形直到如今还不会使我难堪。我最烦厌的就是每天睡在同样一张床上，这份平凡处真不容易忍受。到现在，我不能不躺在同一床上睡觉了，但做梦却常常睡到各种新奇地方去。

通过黔湘边境时，我们上了一个高坡，名棉花岭，上三十二里，下三十五里。那个坡折磨了我们一整天，可是爬上这样一个高坡，在岭头废堡垒边向下望去，一群小山，一片云雾，那壮丽自然的画图，真是一个动人的奇观。这山峰形势同堡垒形势，十余年来还使我神往。在四川边境上时，我记得还必需经过一个大场，每次场集据有五千牛马交易。又经过一个古寺院，有六人不能合抱的松树，寺中南边一白骨塔，穿形的塔顶，全用刻满佛像的石头砌成，径约四丈。锅井似的圆坑里，人骨零乱，有些腕骨上还套着麻花纹银镯子，也无谁人取它动它。听寺僧说，是上年闹神兵，一个城子的人都死尽了，半年后把骨头收来，隔三年再焚化。

我们的军队到川东时虽仍向前方开去，司令部却不能不在龙潭暂且住下。

我们在一个庙里扎了营，办事处仍然是戏楼，比较好些便是新到的地方墙壁上没有多少膏药，市面情形也不如数年前在怀化清乡那么糟了。商会欢迎客军，早为我们预备一切，各人有个木板床，上面安置一条席子，院中且预先搭好了一个大凉棚，因此住在楼上也不很热。市面粗粗看来，一切都还像个样子。地方虽不十分大，但正当川盐入湘的孔道，又有一条小河，从洞庭湖来的小船还可由湘西北河上行直达市镇，出口的桐油与入口的花纱杂物交易都很可观。因此地方有邮局，有布置得干净舒适的客商安宿处，还有"私门头"，供过往客商及当地小公务员寻欢取乐。

地方有大油坊和染坊，有酿酒糟坊，有药店，有当铺。还有一个远近百里著名的龙洞，深处透光处约半里，高约十丈，长年从洞中流出一股寒流，冷如冰水，时正六月，水的寒冷竟使任何兵士也不敢洗手洗脚，手一入水，骨节就疼痛麻木，失去知觉。那水灌溉了千顷平田，本地禾苗便从无旱灾。本部上自司令下至马夫，到这洞中次数最多的，恐怕便是我。我差不多每天必来一回，在洞中大石板上一坐半天，听水吹风够了时，方用一个大葫芦贮满了生水回去，款待那些同事朋友。

那地方既有小河，我当然也欢喜到那河边去，独自坐在河岸高崖上，看船只上滩。那些船夫背了纤绳，身体贴在河滩石头下，那点颜色，那种声音，那派神气，总使我心跳。那光景实在美丽动人，永远使人同时得到快乐和忧愁。当那些船夫把船拉上滩后，各人伏身到河边去喝一口长流水，站起来再坐到一块石头上，把手拭去肩背各处的汗水时，照例总很厉害的感动我。

我的职务并不多，只是从外来的文件递到时，照例在簿籍上照款式写着某年某月某日某时收到某处来文，所说某事。发去的也同样记上一笔。文件中既分平常次要急要三种，我便应当保管七本册子，一本作为来往总账，六本作分别记录。这些册子到晚上九点钟，必把它送给参谋长房里去，好转呈司令官检察一次，画一个"阅"字再退回来。我的职务虽比司书稍高，薪饷却并不比一个弁目为高。可是我也有了些好处，一到了这里，不必再出伙食，虽名为自办伙食，所有费用统归副官处报账。我每月可净得九块钱，在当时，可不是一个小数目！得了钱时不知如何花费，就邀朋友上街到面馆吃面，每次得花两块钱。那时可以算为我的好朋友的，是那司令官几个差弁、几个副官和一个青年传令兵。

我们的住处各用木板隔开，我的职务在当时虽十分平常，所保管的文件却似乎不能尽人知道，因此住处便在戏楼最后一角，隔壁是司令官的十二个差弁，再过去是参谋长同秘书长，再过去是司令官，再过去是军法。对面楼上分军法处、军需处、军械处三部分，楼下有副官处和庶务处。戏台上住卫队一连。正殿则用竹席布幕编成一客厅，接见当地绅士和团总时，就在这大客厅中，同时又常常用来审案。各地方皆贴上白纸的条子，写明所属某部，那纸条便出自我的手笔。差弁房中墙上挂满了大枪小枪，我房间中却贴满了自写的字。每个视线所及的角隅，我还贴了小小字条，上面这样写着："胜过钟王，压倒曾李"，因为那时节我知道写字出名的，死了的有钟王两人，活着却有曾农髯和李梅庵。①我以为只要赶过了他们，一定就可独霸一世了。

我出去玩时，若只一人我常到龙洞与河边，两人以上就常常过对河去。因为那时节防地虽由川军让出，川军却有一个旅司令部与小部分军队驻在河对面一个庙里。上级虽相互要好，兵士不免常打点小架，我一人过去时怕吃人的亏，有了两人则不拘何处走去不必担心了。

到这地方每月虽可以得九块钱，不是吃面花光，就是被别的朋友用了，我却从不缝衣，身上就只一件衣。一次因为天气很好，把自己身上那件汗衣洗洗，一会儿天却落了雨，衣既不干，另一件又为一个朋友穿去了，差弁全已下楼吃饭，我又不能赤膊从司令官房边走过，就老老实实饿了一顿。

我不是说过我同那些差弁全认识吗？其中共十二个人，我以为最有趣的是那个弁目。这是一个土匪，一个大王，一个真真实实的男子。

---

① 这里"钟王"分别指三国魏和东晋大书法家钟繇和王羲之。曾农髯，即曾熙（1861—1930），湖南衡阳人；李梅庵，即李瑞清（1867—1920），江西临川人。两人均为近代书法大家。

这人自己用两只手毙过两百个左右的敌人，却曾经有过十七位押寨夫人。这大王身个儿小小的，脸庞黑黑的，除了一双放光的眼睛外，外表任你怎么看也估不出他有多少精力同勇气。年前在辰州河边时，大冬天有人说："谁现在敢下水，谁不要命！"他什么话也不说，脱光了身子，即刻扑通一声下水给人看看。且随即在宽约一里的河面游了将近一点钟，上岸来时，走到那人身边去："一个男子的命就为这点水要去吗？"或者有人述说谁赌扑克被谁欺骗把荷包掏光了，他当时一句话也不说，一会儿走到那边去，替被欺骗的把钱要回来，将钱一下掼到身边，一句话不说就又走开了。这大王被司令官救过他一次，于是不再做山上的大王，到这行伍出身的司令官身边做了一个亲信，用上尉名义支薪，侍候这司令官却如同奴仆一样的忠实。

我住处既同这样一个大王比邻，两人不出门，他必走过我房中来和我谈话。凡是我问他的，他无事不回答得使我十分满意。我从他那里学习了一课古怪的学程。从他口上知道烧房子、杀人、强奸妇女，种种犯罪的纪录；且从他那种爽直说明中了解那些行为背后所隐伏的生命意识。我从他那儿明白所谓罪恶，且知道这些罪恶如何为社会所不容，却也如何培养着这个坚实强悍的灵魂。我从他坦白的陈述中，才明白在用人生为题材的各样变故里，所发生的景象，如何离奇，如何炫目。这人当他做土匪以前，本是一个良民，为人又怕事又怕官，被外来军人把他当成一个土匪胡乱枪决过一次，到时他居然逃脱了，后来且居然就做大王了！

他会唱点旧戏，写写字，画两笔兰草，每到我房中把话说倦时，就一面口中唱着一面跳上我的桌子，演唱《夺三关》与《杀四门》。

有一天，七个人同在副官处吃饭。不知谁人开口说到听说本市什么庙里，川军还押得有一个古怪的犯人，一个出名的美姣姣，十八岁时做了匪首，被捉后，年轻军官全为她发疯，互相杀死两个小军官，解到旅部后，部里大小军官全想得到她，可是谁也不能占到便宜。听过这个消息后，我就想去看看这女土匪。我由于好奇，似乎时时刻刻要用这些新鲜景色喂养我的灵魂，因此说笑话，以为谁能带我去看看，我便请谁喝酒。几天以后，对那件事自然也就忘掉了。一天黄昏将近时分，正在自己擦拭灯罩，那大王忽然走来喊我：

"兄弟，兄弟，同我去个好地方，你就可以看你要看的东西。"

我还来不及询问到什么地方去看什么东西，就被他拉下楼梯走出营门了。

我们过河去到了一个庙里，那里驻扎得有一排川军，他同他们似乎都非常熟悉，打招呼行了个军礼，进庙后我们就一直向后殿走去。不一会儿转入另一个院落，就在棚栏边看到一个年轻妇人了。

那妇人坐在一条朱红毯子上，正将脸向另一面，背了我们凭借灯光做针线。那大王走近棚栏边时就说：

"夭妹，夭妹，我带了个小兄弟来看你！"

妇人回过身来，因为灯光黯淡了一点，只见着一张白白的脸儿，一对大大的眼睛。她见着我后，才站起身走过我们这边来。逼近身边时，隔了棚栏望去，那妇人身材才真使我大吃一惊！妇人面目不算得是怎样稀罕的美人，但那副眉眼，那副身段，那么停匀合度，可真不是常见的家伙！她还上了脚镣，但似乎已用布片包好，走动时并无声音。我们隔了棚栏说过几句话后，就听她问那弁目：

"刘大哥，刘大哥，你是怎么的？你不是说那个办法吗？今天十六。"

那大王说：

"我知道，今天已经十六。"

"知道就好。"

"我着急，卜了个课，说月份不利，动不得。"

那妇人便骨都着嘴吐了一个"呸",不再开口说话。神气中似有三分幽怨。这时节我虽把脸侧向一边去欣赏那灯光下的一切,但却留心到那弁目的行为。我看他对妇人把嘴向我呶呶,我明白在这地方太久不是事,便说我想先回去。那女人要我明天再来玩,我答应后,那弁目就把我送出庙门,在庙门口捏捏我的手,好像有许多神秘处,为时不久全可以让我明白,于是又进去了。

我当时只稀奇这妇人不像个土匪,还以为别是受了冤枉捉到这里来的。我并不忘掉另一时在怀化剿匪所经过的种种,军队里照例有多少糊涂事做……一夜过去后,第二天当吃早饭时,一桌子人都说要我请他们喝酒。因为那女匪王天妹已被杀,我要想看,等等到桥头去就可看见了。有人亲眼见到的,还说这妇人被杀时一句话不说,神色自若的坐在自己那条大红毛毯上,头掉下地时尸身还并不倒。消息吓了我一跳,我以为昨晚上还看到她,她还约我今天去玩,今早怎么就会被杀?吃完饭我就跑到桥头上去,那死尸却已有人用白木棺材装殓,停搁在路旁,只地下剩一摊腥血以及一堆纸钱白灰了。我望着那个地面上凝结的血块,我还不大相信,心里乱乱的,忙匆匆的走回衙门去找寻那个弁目。只见他躺在床上,一句话也不说。我不敢问他什么,便回到自己房中办事来了。可是过不多久,我却从另一差弁口中知道这件事情的原委了。

原来这女匪早就应当杀头的,虽长得体面标致,可是为人著名毒辣,爱慕她的军官虽多,谁也不敢接近她,谁也不敢保释她。只因为她还有七十支枪埋到地下,谁也不知道这些军械埋藏处。照当时市价这一批武器将近值一万块钱,不是一个小数目,因此,尽想设法把她所有的枪诱骗出来,于是把她拘留起来,且待她比任何犯人也不同。这弁目知道了这件事,又同川军排长相熟,就常过那边去。与女人熟识后,却告给女人,他也还有六十支枪埋在湖南边境上,要想法保她出来，一同把枪支掘出上山落草，就可以天不怕地不怕在山上做大王活过下半世。女人信托了他，夜里在狱中两人便亲近过了一次。这事被军官发现后，因此这女人第二天一早，便为川军牵出去砍了。

当两个人夜里在狱中所做的事情，被庙中驻兵发觉时，触犯了做兵士的最大忌讳，十分不平，以为别的军官不能弄到手的，到头来却为一个外来人占先得了好处。俗话说"肥水不落外人田"，因此一排人把步枪上了刺刀，守在门边，预备给这弁目过不去。可是当有人叫他名姓时，这弁目明白自己的地位，不慌不忙的，结束了一下他那皮带，一面把两支小九响手枪取出拿在手中，一面便说："兄弟，兄弟，多不得三心二意，天上野鸡各处飞，谁捉到手是谁的气运。今天小小冒犯，万望海涵。若一定要牛身上捉虱，钉尖儿挑眼，不高抬个膀子，那不要见怪，灯笼子认人枪子儿可不认人！"那一排兵士知道这不是个傻子，若不放他过身，就得要几条命。且明白这地方川军只驻扎一连人，筸军却有四营，出了事也不会有好处。因此让出一条路，尽这弁目两只手握着枪从身旁走去了。人一走，这王天妹第二天一早便被砍了。

女人既已死去，这弁目躺在床上约一礼拜，一句空话不说，一点东西不吃，大家都怕他也不敢去撩他。到后忽然起了床，又和往常一样活泼豪放了。他走到我房中来看我，一见我就说：

"兄弟，我运气真不好！天妹为我死的，我哭了七天，现在好了。"

当时看他样子实在又好笑又可怜。我什么话也不好说，只同他捏着手，微笑了一会儿。

在龙潭我住了将近半年。

当时军队既因故不能开过涪州，我要看巫峡一时还没有机会。我到这里来熟人虽多，却除了写点字以外毫无长进处。每天生活依然是吃喝，依然是看杀人，这份生活对我似乎不大能够满足。不久就有了

131

一个机会转湖南，我便预备领了护照搭坐了小货船回去。打量从水道走，一面我可以经过几个著名的险滩，一面还可以看见几个新地方。其时那弁目正又同一个洗衣妇要好，想把洗衣妇讨作姨太太。司令官出门时，有人拦舆递状纸，知道其中有了些纠纷，告他这事不行，说是我们在这里作客，这种事对军誉很不好。那弁目便向其他人说："这是文明自由的事情，司令官不许我这样做，我就请长假回家，拖队伍干我老把戏去。"他既不能娶那洗衣妇人，当真就去请假，司令官也即刻就准了他的假。那大王想与我一道上船，在同一护照上便填了我与他两人的姓名。把船看好，刚准备当天下午动身。正吃过早饭，他在我房中说到那个王天妹被杀前的种种事情。忽然军需处有人来请他下去算饷，他十分快乐的跑下楼去。不到一分钟，楼下就吹集合哨子，且听到有值日副官喊"备马"。我心中正纳闷，以为照情形看来好像要杀人似的。但杀谁呢？难道枪决逃兵吗？难道又要办一个土棍吗？随即听人大声嘶嚷，推开窗子看看，原来那弁目已被绑好，正站在院子中，卫队已集了合，成排报数，准备出发，值日官正在请令，看情形，大王一会儿就要推出去了。

被绑好了的大王，反背着手，耸起一副瘦瘦的肩膊，向两旁楼上人大声说话：

"参谋长，副官长，秘书长，军法长，请说句公道话，求求司令官的恩典，不要杀我吧。我跟了他多年，不做错一件事。我太太还在公馆里侍候司令太太。大家做点好事说句好话吧。"

大家互相望着，一句话不说。那司令官手执一支象牙烟管，从大堂客厅中从从容容走出来，温文尔雅的站在滴水檐前，向两楼的高级官佐微笑着。

"司令官，来一份恩典，不要杀我吧。"

那司令官说：

"刘云亭，不要再说什么话丢你的丑。做男子的做错了事，应当死时就正正经经的死去，这是我们军队中的规矩。我们在这里做客，你黑夜里到监牢里去奸淫女犯，我念你跟我几年来做人的好处，为你记下一笔账，暂且不提。如今又想为非作歹，预备把良家妇女拐走，且想回家去拖队伍。我想想放你回乡去做坏事，作孽一生，尽人怨恨你，不如杀了你，为地方除一害。现在不要再说空话，你女人和小孩子我会照料，自己勇敢一点做个男子吧。"

那大王听司令官说过一番话后，便不再喊公道了，就向两楼的人送了一个微笑，忽然显得从从容容了："好好，司令官，谢谢你几年来照顾，兄弟们再见，兄弟们再见。"一会儿又说，"司令官你真做梦，别人花六千块钱运动我刺你，我还不干！"司令官仿佛不听到，把头掉向一边，嘱咐副官买副好点的棺木。

于是这大王就被拥簇出了大门，从此不再见了。我当天下午依然上了船。我那护照上原有两个人的姓名，大王那一个临时用朱笔涂去，这护照一直随同我经过了无数恶滩，五天后到了保靖，方送到副官处去缴销。至于那温文尔雅、才智不凡的张司令官，同另外几个差弁，则三年后在湘西辰州地方，被一个姓田的部属客客气气请去吃酒，进到辰州考棚二门里，连同四个轿夫，当欢迎喇叭还未吹毕时，一起被机关枪打死，所有尸身随即被浸渍在阴沟里，直到两月事平后方清出尸骸葬埋。刺他的部属田旅长，也很凑巧，一年后又依然在那地方，被湖南主席叶开鑫派另一个部队长官，用请客方法，在文庙前面夹道中刺死。

学历史的地方

从川东回湘西后，我的缮写能力得到了一方面的认识，我在那个治军有方、名誉极佳的统领官身边做书记了。薪饷仍然每月九元，却住在一个山上高处单独新房子里。那地方是本军的会议室，有什么会议需要记录时，机要秘书不在场，间或便应归我担任。这份生活实在是我一个转机，使我对于全个历史各时代各方面的光辉，得了一个从容机会去认识，去接近。原来这房中放了四五个大楠木橱柜，大橱里有百来轴自宋及明清的旧画，与几十件铜器及古瓷，还有十来箱书籍，一大批碑帖，不久且来了一部《四部丛刊》。这统领官既是个以王守仁曾国藩自许的军人，每个日子治学的时间，似乎便同治事时间相等，每遇取书或抄录书中某一段时，必令我去替他做好。那些书籍既各得安置在一个固定地方，书籍外边又必需做一识别，故书籍的秩序，书箱的表面，全由我去安排。旧画与古董登记时，我又得知道这一幅画的人名时代同他当时的地位，或器物名称同它的用处。全由于应用，我同时就学会了许多知识。又由于习染，我成天翻来翻去，把那些旧书大部分也慢慢的看懂了。

　　我的事情那时已经比我在参谋处服务时忙了些，任何时节都有事做。我虽可随时离开那会议室，自由自在到别一个地方去玩，但正当

137

玩得十分畅快时，也会为一个差弁找回去的。军队中既常有急电或别的公文，于半夜时送来。回文如需即刻抄写时，我就随时得起床做事。但正因为把我仿佛关闭到这一个房子里，不便自由离开，把我一部分玩的时间皆加入到生活中来，日子一长，我便显得过于清闲了。因此无事可做时，把那些旧画一轴一轴的取出，挂到壁间独自来鉴赏，或翻开《西清古鉴》《薛氏彝器钟鼎款识》这一类书，努力去从文字与形体上认识房中铜器的名称和价值。再去乱翻那些书籍，一部书若不知道作者是什么时代的人时，便去翻《四库提要》。这就是说我从这方面对于这个民族在一段长长的年份中，用一片颜色、一把线、一块青铜或一堆泥土，以及一组文字，加上自己生命做成的种种艺术，皆得了一个初步普遍的认识。由于这点初步知识，使一个以鉴赏人类生活与自然现象为生的乡下人，进而对于人类智慧光辉的领会，发生了极宽泛而深切的兴味。若说这是个人的幸运，这点幸运是不得不感谢那个统领官的。

那军官的文稿，草字极不容易认识，我就从他那手稿上，望文会义的认识了不少新字。但使我很感动的，影响到一生工作的，却是他那种稀有的精神和人格。天未亮时起身，半夜里还不睡觉。凡事任什么他明白，任什么他懂。他自奉常常同个下级军官一样。在某一方面说来，他还天真烂漫，什么是好的他就去学习，去理解。处置一切他总敏捷稳重。由于他那份稀奇精力，箪军在湘西二十年来博取了最好的名誉，内部团结得如一片坚硬的铁，一束不可分离的丝。

到了这时我性格也似乎稍变了些，我表面生活的变更，还不如内部精神生活变动得剧烈，但在行为方面我已经同一些老同事稍稍疏远了。有时我到屋后高山去玩玩，有时又走近那可爱的河水玩玩，总拿了一本线装书。我所读的一些旧书，差不多就完全是这段时间中奠基的。我常常躺在一片草场上看书，看厌倦时，便把视线从书本中移开，看白云在空中移动，看河水中缓缓流去的菜叶。既多读了些书，把感情弄柔和了许多，接近自然时感觉也稍稍不同了。加之人又长大了一点，也间或有些不安于现实的打算，为一些过去了的或未来的东西所苦恼，因此生活虽在一种极有希望的情况中过着日子，但是我却觉得异常寂寞。

那时节我爸爸已从北方归来，正在那个前驻龙潭的张指挥部做军医正。他们军队虽有些还在川东，指挥部已移防下驻辰州。我的母亲和最小一妹皆在辰州；家人对我前事已毫无芥蒂。我的弟弟正同我在一个部中做书记，我们感情又非常好。

我需要几个朋友，那些老朋友却不能同我谈话，我要的是个听我陈述一份酝酿在心中十分混乱的感情。我要的是对于这种感情的启发与疏解，熟人中可没有这种人。可是不久却有个人来了，是我一个姨父，这人姓聂，与熊希龄同科的进士，上一次从桃源同我搭船上行的表弟便是他的儿子，这人是那统领官的先生，一来时被接待住在对河一个庙里，地名狮子洞。为人知识极博，而且非常有趣味，我便常常过河去听他谈"宋元哲学"，谈"大乘"，谈"因明"，谈"进化论"，谈一切我所不知道却愿意知道的问题。这种谈话显然也使他十分快乐，因此每次所谈时间总很长很久。但这么一来，我的幻想更宽，寂寞也就更大了。

我总仿佛不知道应怎么办就更适当一点。我总觉得有一个目的，一件事业，让我去做，这事情是合于我的个性，且合于我的生活的，但我不明白这是什么事业，又不知用什么方法即可得来。

当时的情形在老朋友中只觉得我古怪一点，老朋友同我玩时也不大玩得起劲了。觉得我不古怪，且互相有很好的友谊的，只四个人：一个满振先，读过《曾文正公全集》，只想做模范军人。一个陆弢，侠客的崇拜者。一个田杰，就是我小时候在技术班的同学，第一次得过兵役名额的美术学校学生，心怀大志的角色。这三个人当年纪轻轻的时节，便一同徒步从黔省到过云南，又徒步过广东，又向西从宜昌徒步直抵成都。还有一个回教徒郑子参，从小便和我在小学里念书，我在参谋处办事时节，便同他在一个房子里住下。平常人说的多是幼有大志，投笔从戎，我们当时却多是从戎而无法投笔的人。我们总以为这目前一份生活不是我们的生活。目前太平凡，太平安。我们要冒点险去做一件事，不管所做的是一件如何小事，当我们未明白以前，总得让我们去挑选，不管到头来如何不幸，我们总不埋怨这命运。因此到后来姓陆的就因泗水淹毙在当地大河里。姓满的做了小军官，广西江西各处打仗，民国十八年在桃源县被捷克式自动步枪打死了。姓郑的从黄埔四期毕业，在东江作战以后，也消失了。姓田的从军官学校毕业做了连长，现在还是连长。我就成了如今的我。

我们部队既派遣了一个部队过川东做客，本军又多了一个税收局卡，给养也充足了些。那时"兵工筑路垦荒"，"办学校"，"兴实业"，几个题目正给许多人在报纸上讨论。那个统领官既力图自强，想为地方做点事情，因此亲手草了一个精密的计划，召集了几度县长与乡绅会议，计划把所辖十三县划成一百余乡区，试行湘西乡自治。草案经过各县区代表商定后，一切照决议案着手办去。不久就在保靖地方设立了一个师范讲习所，一个联合模范中学，一个女学，一个职业女学，一个模范林场。另外还组织了六个工厂。本地又原有一个军官学校，一个兵士教练营。再加上六千左右的军农队。学校教师与工厂技师，全部由长沙聘来，因此地方就骤然有了一种崭新的气象。此外为促进乡治的实现与实施，还筹备了个定期刊物，办了一部大印报机，设立了一个报馆。这报馆首先印行的便是《乡治条例》与各种规程，这种文件大部分由那统领官亲手草成，乡代表审定通过，由我在石印纸上用胶墨写过一次，现在既得用铅字印行，一个最合理想的校对，便应当是我了。我于是暂时调到新报馆做了校对，部中有文件抄写时，便又转回部中。从市街走两地相距约两里，从后山走相距稍近，我为了方便时常从那埋葬小孩坟墓上蹲满野狗的山地走过，每次总携了一个大棒。

一个转机

调进报馆后，我同一个印刷工头①住在一间房子里。房中只有一个窗口，门小小的，隔壁是两架手摇平板印刷机，终日叽叽咯咯大声响着。

　　这印刷工人倒是个有趣味的人物。脸庞眼睛全是圆的，身个儿长长的，具有一点青年挺拔的气度。虽只是个工人，却因为在长沙地方得风气之先，由于"五四运动"的影响，成了个进步工人。他买了好些新书新杂志，削了几块白木板子，用钉子钉到墙上去，就把这些古怪东西放在上面。我从司令部搬来的字帖同诗集，我却把它们放到方桌上。我们同在一个房里睡觉，同在一盏灯下做事，他看他新书时我就看我的旧书。他把印刷纸稿拿去同几个别的工人排好印出样张时，我就好好的来校对。到后自然而然我们就熟习了。我们一熟习，我那好向人发问的乡巴佬脾气，有机会时，必不放过那点机会。我问那本封面上有一个打赤膊人像的书是什么，他告了我是《改造》以后，我又问他那《超人》是什么东西。我还记得他那时的样子，脸庞同眼睛

---

　　① 这位印刷工人名叫赵奎五。

皆圆圆的，简直同一匹猫儿一样："唉，伢俐，怎么个末朽①？一个天下闻名的女诗人……也不知道吗？""我只知道唐朝女诗人鱼玄机是个道士。""新的呢？""我知道随园女弟子。""再新一点？"我把头摇摇，不说话了。我看到他那神气我倒觉得有点害羞，我实在什么也不知道。等一会儿我可就知道了，因为我顺从他的指点，看了这本书中一篇小说。看完后我说："这个我知道了。你那报纸是什么报纸？是老《申报》吗？"于是他一句话不说，又把刚清理好的一卷《创造周报》推到我面前来，意思好像只要我一看就会明白似的，若不看，他纵说也说不明白的。看了一会儿，我记着了几个人的名字。又知道白话文与文言文不同的地方，其一落脚用"也"字同"焉"字，其一落脚却用"呀"字同"啊"字，其一写一件事情越说得少越好，其一写一件事情越说得多越好。我自己明白了这点区别以后，又去问那印刷工人，他告我的大体也差不多。当时他似乎对于我有点觉得好笑，在他眼中我真如长沙话所谓有点朽。

不过他似乎也很寂寞，需要有人谈天，并且向这个人表现表现思想。就告我白话文最要紧处是"有思想"，若无思想，不成文章。当时我不明白什么是思想，觉得十分忸怩。若猜得着十年后我写了些文章，被一些连看我文章上所说的话语意思也不懂的批评家，胡乱来批评我文章"没有思想"时，我即不懂"思想"是什么意思，当时似乎也就不必怎样惭愧了。

这印刷工人使我很感谢他，因为若没有他的一些新书，我虽时时刻刻为人生现象自然现象所神往倾心，却不知道为新的人生智慧光辉而倾心。我从他那儿知道了些新的，正在另一片土地同一日头所照及

---

① 长沙方言。"伢俐"即"小伙子"的意思；"个末朽"即"这样差劲"的意思。

的地方的人，如何去用他们的脑子，对于目前社会做一度检讨与批判，又如何幻想一个未来社会的标准与轮廓。他们那么热心在人类行为上找寻错误处，发现合理处，我初初注意到时，真发生不少反感！可是，为时不久，我便被这些大小书本征服了。我对于新书投了降，不再看《花间集》，不再写《曹娥碑》，却欢喜看《新潮》《改造》了。

我记下了许多新人物的名字，好像这些人同我都非常熟悉。我崇拜他们，觉得比任何人还值得崇拜。我总觉得稀奇。他们为什么知道事情那么多。一动起手来就写了那么多，并且写得那么好。可是我完全想不到我原来知道比他们更多，过一些日子我并且会比他们写得更好。

为了读过些新书，知识同权力相比，我愿意得到智慧，放下权力。我明白人活到社会里应当有许多事情可做，应当为现在的别人去设想，为未来的人类去设想，应当如何去思索生活，且应当如何去为大多数人牺牲，为自己一点点理想受苦，不能随便马虎过日子，不能委屈过日子了。

我常常看到报纸上普通新闻栏说的卖报童子读书补锅匠捐款兴学等记载，便想自己读书既毫无机会，捐款兴学倒必需做到。有一次得了十天的薪饷，就全部买了邮票，封进一个信封里，另外又写了一张信笺，说明自己捐款兴学的意思，末尾署名"隐名兵士"，悄悄把信寄到上海《民国日报·觉悟》编辑处去，请求转交"工读团"，这捐款自然不会有什么着落，但做过这件事情后，心中却有说不出的秘密愉快。

那时皮工厂、帽工厂、被服厂、修械厂，组织就绪已多日，各部分皆有了大规模的标准出品。第一班师范讲习所已将近毕业，中学校，女学校，模范学校，全已在极有条理情形中上课。我一面在校对职务上做我的事情，一面向那印刷工人问些下面的情形，一面就常常到各处去欣赏那些我从不见到过的东西。修械处的长大车床，与各种大小轮轴，被一条在空中的皮带拖着飞跃活动，从我眼中看来实在是一种壮观。其他各个工厂亦无事不触目惊人。尚有学校，那些从各处派来的青年学生，在一般年轻教师指导下，在无事无物不新的情形中，那份活动实在使我十分羡慕。我无事情可做时，总常常去看他们上课，看他们打球。学生中有些原来和我在小学时节一堆玩过闹过的，把我请到他们宿舍去，看看他们那样过日子，我便有点难受。我能聊以自解的只一件事，就是我正在为国家服务，却已把服务所得，做了一次捐资兴学的伟大事业。

本军既多了一些税收，乡长会议复决定了发行钞票的议案，金融集中到本市，因此本地顿呈现空前的繁荣。为了乡自治的决议案，各县皆摊款筹办各种学校，同时造就师资，又决定了派送学生出省或本省留学的办法。凡学棉业、蚕桑、机械、师范，以及其他适于建设的学生，在相当考试下，皆可由公家补助外出就学。若愿入本省军官学校，人既在本部任职，只要有意思前去，即可临时改委一少尉衔送去。我想想，我也得学一样切实的技能好来为本军服务。可是我应当学什么？能够学什么？完全不知道。

因为部中的文件缮写，需要我处似乎比报纸较多，我不久又被调了回去，仍然做我的书记。过了不久，一场热病袭到了身上，在高热糊涂中任何食物不入口，头痛得像斧劈，鼻血一碗一摊的流，我支持了四十天。感谢一切过去的生活，造我这个结实的体魄，没有被这场大病把生命取去。但危险期刚过不久，平时结实得同一只猛虎一样的老同学陆弢，为了同一个朋友争口气，泅过宽约一里的河中，却在小小疏忽中被洄流卷下淹死了。第四天后把他死尸从水面拖起，我去收拾他的尸骸掩埋，看见那个臃肿样子时，我发生了对自己的疑问。我病死或淹死或到外边去饿死，有什么不同？若前些日子病死了，连许多没有看过的东西都不能见到，许多不曾到过的地方也无从走去，真无意思。我知道见到的实在太少，应知道应见到的可太多，怎么办？

我想我得进一个学校，去学些我不明白的问题，得向些新地方，去看些听些使我耳目一新的世界。我闷闷沉沉的躺在床上，在水边，在山头，在大厨房同马房，我痴呆想了整四天，谁也不商量，自己很秘密的想了四天。到后得到一个结论了，那么打量着："好坏我总有一天得死去，多见几个新鲜日头，多过几个新鲜的桥，在一些危险中使尽最后一点气力，咽下最后一口气，比较在这儿病死或无意中为流弹打死，似乎应当有意思些。"到后我便这样决定了："尽管向更远处走去，向一个生疏世界走去，把自己生命押上去，赌一注看看，看看我自己来支配一下自己，比让命运来处置得更合理一点呢，还是更糟糕一点？若好，一切有办法，一切今天不能解决的明天可望解决，那我赢了；若不好，向一个陌生地方跑去，我终于有一时节肚子瘪瘪的倒在人家空房下阴沟边，那我输了。"

我准备过北京读书，读书不成便做一个警察，做警察也不成那就认了输，不再做别的好打算了。

当我把这点意见，这样打算，怯怯的同我上司说及时，感谢他，尽我拿了三个月的薪水以外，还给了我一种鼓励，临走时他说："你到那儿去看看，能进什么学校，一年两年可以毕业，这里给你寄钱来，情形不合，你想回来，这里仍然有你吃饭的地方。"我于是就拿了他写给我的一个手谕，向军需处取了二十七块钱，连同他给我的一份勇气，离开了我那个学校，从湖南到汉口，从汉口到郑州，从郑州转徐州，从徐州又转天津，十九天后，提了一卷行李，出了北京前门的车站，呆头呆脑在车站前面广坪中站了一会儿。走来一个拉排车的，高个子，一看情形知道我是乡巴佬，就告给我可以坐他的排车到我所要到的地方去。我相信了他的建议，把自己那点简单行李，同一个瘦小的身体，搁到那排车上去，很可笑的让这运货排车把我拖进了北京西河沿一家小客店，在旅客簿上写下——

沈从文年二十岁学生湖南凤凰县人

便开始进到一个使我永远无从毕业的学校，来学那课永远学不尽的人生了。

昆明冬景

新居移上了高处,名叫北门坡,从小晒台上可望见北门门楼上"望京楼"的匾额。上面常有武装同志向下望,过路人马多,可减去不少寂寞! 住屋前面是个大敞坪,敞坪一角有杂树一林。尤加利树瘦而长,翠色带银的叶子,在微风中荡摇,如一面一面丝绸旗帜,被某种力量裹成一束,想展开,无形中受着某种束缚,无从展开。一拍手,就常常可见圆头长尾的松鼠,在树枝间惊窜跳跃。这些小生物犹如把本身当成一个球,在空中抛来抛去,俨然在这种抛掷中,能够得到一种快乐。一种从行为中证实生命存在的快乐。且间或稍微休息一下,四处顾望,看看它这种行为能不能够引起其他生物的注意。或许会发现,原来一切生物都各有它的"心事"。那个在晒台上拍手的人,眼光已离开尤加利树,向虚空凝眸了。虚空一片明蓝,别无他物。这也就是生物中之一种,"人",多数人中一种人,对于生命存在的意义,他的想象或情感,正在不可见的一种树枝间攀援跳跃,同样略带一点惊惶,一点不安,在时间上转移,由彼到此,始终不息。

　　敞坪中妇人孩子虽多,对这件事却似乎都把它看得十分平常,从不曾有谁将头抬起来看看。昆明地方到处是松鼠,许多人对于这小小生物的知识,不过是把它提来卖给"上海人",值"中央票子"两毛钱到一块钱罢了。站在晒台上的那个人，就正是被本地人称为"上海人"，花用中央票子，来昆明租房子住家过日子的。住到这里来近于凑巧，因为凑巧反而不会令人觉得稀奇了。妇人多受雇于附近一个织袜厂，终日在敞坪中摇纺车纺棉纱。孩子们无所事事，便在敞坪中追逐吵闹，拾捡碎瓦小石子打狗玩。敞坪四面是路，时常有家狗在树林中垃圾堆边寻东觅西，鼻子贴地各处闻嗅，一见孩子们蹲下，知道情形不妙，就极敏捷的向坪角一端逃跑。有时只露出一个头来，两眼很温和的对孩子们看着，意思像是要说："你玩你的，我玩我的，不成吗？"有时也成。那就是一个卖牛羊肉的，扛了一个木架子，带着官秤，方形的斧头，雪亮的牛耳尖刀，来到敞坪中，搁下找寻主顾时。妇女们多放下工作，来到肉架边，讨价还钱。孩子们的兴趣转移了方向。几只野狗便公然到敞坪中来，先是坐在敞坪一角便于逃跑的地方，远远的看热闹。其次是在一种试探形式中，慢慢的走近人丛中来。直到忘形挨近了肉架边，被那羊屠户见着，扬起长把手斧，大吼一声"畜生，走开！"方肯略略走开，站在人圈子外边，用一种非常诚恳非常热情的态度，欣赏肉架上的前腿、后腿，以及后腿末端一条带毛小羊尾巴，和搭在架旁那些花油。意思像是觉得不拘什么地方都很好，都无话可说，因此它不说话。它在等待，无望无助的等待。照例妇人们在集群中向羊屠户连嚷带笑，加上各种"神明在上，报应分明"的誓语，这一个证明实在赔了本，那一个证明买了它家用的秤并不大，好好歹歹弄成了交易，过了秤，数了钱，得钱的走路，得肉的进屋里去，把肉挂在悬空钩子上，孩子们也随同进到屋里去时，这些狗方趁空走近，把鼻子贴在先前一会儿搁肉架的地面，闻嗅闻嗅。或得到点骨肉碎渣，一口咬住，就忙匆匆向敞坪空处跑去，或向尤加利树下跑去。树上正有松鼠剥果子吃，果子掉落地上。"上海人"走过来拾起嗅嗅，有"万金油"气味，微辛而芳馥。

早上六点钟，阳光在尤加利树高处枝叶间，敷上一层银灰光泽。空气寒冷而清爽。敞坪中很静，无一个人，无一只狗。几个竹制纺车瘦骨凌精的搁在一间小板屋旁边。站在晒台上望着这些简陋古老工具，感觉"生命"形式的多方。敞坪中虽空空的，却有些声音仿佛从敞坪中来，在他耳边响着。

"骨头太多了，不要这个腿上大骨头。"

"嫂子，没有骨头怎么走路？"

"曲蟮①有不有骨头？"

"你吃曲蟮？"

"哎哟，菩萨。"

"菩萨是泥的木的，不是骨头做成的。"

"你毁佛骂佛，死后入三十三层地狱，磨石碾你，大火烧你，饿鬼咬你。"

"活下来做屠户，杀羊杀猪，给你们善男信女吃，做赔本生意，死后我会坐在莲花上，直往上飞，飞到西天一个池塘里，洗个大澡，把一身罪过，一身羊臊血腥气，洗得个干干净净！"

"西天是你们屠户去的？做梦！"

"好，我不去让你们去。我们都不去了,怕你们到那地方肉吃不成！你们都不吃肉，吃长斋，将来西天住不下，急坏了佛爷，还会骂我们做屠户的，不会做生意。一辈子做赔本生意，不落得人的骂名，还落个佛的骂名。你不要我拿走。"

"你拿走好！肉臭了看你喂狗吃。"

"臭了我就喂狗吃，不很臭，我给人吃。红焖好了请人吃，还另

---

① 曲蟮，指蚯蚓。

加三碗烧酒，怕不有人叫我做伯伯、舅舅、干老子。许我每天念《莲花经》一千遍，等我死后坐朵方桌大金莲花到西天去！"

"送你到地狱里去，投胎变一只蛤蟆，日夜哇哇呱呱叫。"

"我不上西天，不入地狱。忠贤区区长告我说，姓曾的，你不用卖肉了吧，你住忠贤区第八保，昨天抽壮丁抽中了你，不用说什么，到湖南打仗去。你个子长，穿上军服排队走在最前头，多威武！我说好，什么时候要我去，我就去。我怕无常鬼，日本鬼子我不怕。派定了我，要我姓曾的去，我一定去。"

"××××××××××。"

"我去打仗，保卫武汉三镇。我会打枪，我亲哥子是机关枪队长！他肩章上有三颗星，三道银边！我一去就要当班长，打个胜仗，我就升排长。打到北京去，赶一群绵羊回云南来做生意，真正做一趟赔本生意！"

接着便又是这个羊屠户和几个妇人各种赌咒的话语。坪中一切寂静。远处什么地方有军队集合、下操场的喇叭声音在润湿空气中振荡。静中有动。他心想：

"武汉已陷落三个月了。"

屋上首一个人家白粉墙刚刚刷好，第二天，就不知被谁某一个克尽厥职的公务员看上了，印上十二个"方"字。费很多想象把字认清楚了，更费很多想象把意思也弄清楚了。只就中间一句话不大明白，"培养卫生"。这好像是多了两个字或错了两个字。这是小事。然而小事若弄得使人糊涂，不好办理，大处自然更难说了。

带着小小铜项铃的瘦马，驮着粪桶过去了。

一个猴子似的瘦脸嘴人物，从某个人家小小黑门边探出头来，喊"娃娃，娃娃"，见景生情，接着他自言自语说道："你哪里去了？吃屎去了？"娃娃年纪已经八岁，上了学校，可是学校因疏散下了乡。无学校可上，只好终日在敞坪里煤堆上玩。"煤是哪里来的？""从地下挖来的。""做什么用？""可以烧火。"娃娃知道的同一些专门家知道的相差并不很远。那个上海人心想："你这孩子，将来若可以升学，无妨入矿冶系。因为你已经知道煤炭的出处和用途。好些人就因那么一点知识，被人称为专家，活得很有意义！"

娃娃的父亲，在儿子未来发展上，却老做梦，以为长大了应当做设治局长，督办，——照本地规矩，当这些差事很容易发财。发了财，买对门某家那栋房子。上海人越来越多了，到处有人租房子，肯出大价钱。押租又多。放三分利，利上加利，三年一个转。想象因之丰富异常。

做这种天真无邪的好梦的人恐怕正多着。这恰好是一个地方安定与繁荣的基础。

提起这个会令人觉得痛苦，是不是？不提也好。

因为你若爱上了一片蓝天，一片土地，和一群忠厚老实人，你一定将不由自主的嚷："这不成！这不成！天不辜负你们这群人，你们不应当自弃，不应当！得好好的来想办法！你们应当得到的还要多，能够得到的还要多！"

于是必有人问："先生，你这是什么意思？在骂谁？教训谁？想煽动谁？用意何在？"

问得你莫名其妙，不是对于他的意思不明白，便是你自己本来意思，也会弄糊涂的。话不接头，两无是处。你爱"人类"，他怕"变动"。你"热心"，他"多心"。

"美"字笔画并不多，可是似乎很不容易认识。"爱"字虽人人认识，可是真懂得它的意义的人却很少。

云南看云

云南因云而得名。可是外省人到了云南一年半载后，一定会和本地人差不多，对于云南的云，除却只能从它变化上得到一点晴雨知识，就再也不会单纯的来欣赏它的美丽了。看过卢锡麟先生的摄影后，必有许多人方俨然重新觉醒，明白自己是生在云南，或住在云南。云南特点之一，就是天上的云变化得出奇。尤其是傍晚时候，云的颜色，云的形状，云的风度，实在动人。

　　战争给许多人一种有关生活的教育，走了许多路，过了许多桥，睡了许多床，此外还必然吃了许多想象不到的小苦头。然而真正具有教育意义的，说不定倒是明白许多地方各有各的天气，天气不同还多少影响到一点人事。云有云的地方性：中国北部的云厚重，人也同样那么厚重。南部的云活泼，人也同样那么活泼。海边的云幻异，渤海和南海云各不相同，正如两处海边的人性情不同。河南的云一片黄，抓一把下来似乎就可以做窝窝头，云粗中有细，人亦粗中有细。湖湘的云一片灰，长年挂在天空一片灰，无性格可言，然而橘子、辣子就在这种地方大量产生，在这种天气下成熟，却给湖南人增加了生命的发展和进取精神。四川的云与湖南云虽相似而不尽相同，巫峡峨眉高峰把云分割又加浓，云有了生命，人也有了生命。可是体积虽大分量轻，人亦因之好夸饰而不甚落实。论色彩丰富，青岛海面的云应当首屈一指。有时五色相煊，千变万化，天空如展开一张锦毯。有时素净纯洁，天空只见一片绿玉，别无他物，看来令人起轻快感，温柔感，音乐感，情欲感。一年中有大半年天空完全是一幅神奇的图画，有青春的嘘息，煽起人狂想和梦想。海市蜃楼即在这种天空显现。海市蜃楼虽并不常在人眼底，却永远在人心中。秦皇汉武的事业，同样结束在一个长生不死青春常在的美梦里，不是毫无道理的。云南的云给人印象大不相同，它的特点是素朴，影响到人性情也应当挚厚而单纯。

云南的云似乎是用西藏高山的冰雪，和南海长年的热风，两种原料经过一种神奇的手续完成的，色调出奇地单纯，唯其单纯反而见出伟大。尤以天时晴明的黄昏前后，光景异常动人。完全是水墨画，笔调超脱而大胆。天上一角有时黑得如一片漆，它的颜色虽然异样黑，给人感觉竟十分轻。在任何地方"乌云蔽天"照例是个沉重可怕的象征，唯有云南傍晚的黑云，越黑反而越不碍事，且表示第二天天气必然顶好。几年前中国古物运到伦敦展览时，有一个赵松雪①作的卷子，名《秋江叠嶂》，净白如玉的澄心堂纸上用浓墨重重涂抹，给人印象却十分美秀。云南的云也恰恰如此，看来只觉得黑而秀。

可是我们若在黄昏前后，到城郊外一个小丘上去，或坐船在滇池中，看到这种云彩时，低下头来一定会轻轻地叹一口气。具体一点将发生"大好河山"感想，抽象一点将发生"逝者如斯"感想。心中一定觉得有些痛苦，为一片悬在天空中的沉静黑云痛苦。因为这东西给了我们一种无言之教，比目前政论家的文章、宣传家的讲演、杂感家的讽刺文，都高明得多，深刻得多，同时还美丽得多。觉得痛苦原因或许也就在此。那么好看的云，孕育了在这一片天底下讨生活的人，

---

① 赵松雪，即赵孟頫，号松雪道人，元代著名书画家。

究竟是些什么？是一种精深博大的人生理想？还是一种单纯美丽的诗的感情？若把它与地面所见、所闻、所有两相对照，实在使人不能不痛苦！

在这美丽天空下，人事方面，我们每天所能看到的，除了空洞的论文、不通的演讲、小巧的杂感，此外似乎到处就只碰到"法币"。商人和银行办事人直接为法币而忙，教授学生也间接为法币而忙。最可悲的现象，实无过于大学校的商学院，每到注册上课时，照例人数必最多。这些人其所以习经济、习会计，都可说对于生命毫无高尚理想可言，目的只在毕业后入银行做事。"熙熙攘攘，皆为利往，挤挤挨挨，皆为利来，利之所在，群集若蛆。"社会研究所的专家，机会一来即向银行跑。习图书馆的，弄考古的，学外国文学的，因为亲戚、朋友、同乡……种种机会，又都挤进银行或相近金融机关做办事员。大部分优秀脑子，都给真正的法币和抽象的法币弄得昏昏的，失去了应有的灵敏与弹性，以及对于"生命"较高的认识。其余无知识的脑子，成天打算些什么，也就可想而知了。云南的云即或再美丽一点，对于多数人还似乎毫无意义可言的。

近两个月来，本市在连续的警报中，城中二十万市民，无一不早早的就跑到郊外去，向天空把一个颈脖昂酸，无一人不看到过几片天空飘动的浮云，仰望结果，不过增加了许多人对于财富得失的忧心罢了。"我的法币下落了"，"我的汽油上涨了"，"我的事业这一年发了五十万财"，"我从公家赚了八万三"，这还是就仅有十几个熟人中说说的。此外说不定还有个把教授之流，终日除玩牌外无其他娱乐，会想到前一晚上玩麻雀牌输赢事情，聊以解嘲似的自言自语："我输牌不输理。"这种教授先生当然是不输理的，在警报解除以后，还不妨跑到老同学住处去，再玩个八圈，证明一下输的究竟是什么。一个人若乐意在地下爬，以为是活下来最好的姿势，他人劝说站起来走，或更盼望他挺起脊梁来做个人，当然是不会有什么结果的。

就在这么一个社会一种情形中，卢先生却来展览他在云南的照相，告给我们云南法币以外还有些什么。即以天空的云彩言，色彩单纯的云有多健美，多飘逸，多温柔，多崇高！观众人数多，批评好，正说明只要有人会看云，就从云影中取得一种诗的感兴和热情，还可望将这种尊贵的感情，转给另外一种人。换言之，就是云南的云即或不能直接教育人，还可望由一个艺术家的心与手，间接来教育人。卢先生照相的兴趣，似乎就在介绍这种美丽感印给多数人，所以作品中对于云雾的题材，处理得特别好。每一幅云都有一种不同的性情，流动的美。不纤巧，不做作，不过分修饰，一任自然，心手相印，表现得素朴而亲切。作品成功是必然的。可是得到"赞美"不是艺术家最终的目的，应当还有一点更深的意义。我意思是如果一种可怕的实际主义，正在这个社会各组织各阶层间普遍流行，腐蚀我们多数人做人的良心、做人的理想。且在同时把每一个人都有形无形市侩化。社会中优秀分子一部分，所梦想，所希望，也都只是糊口混日子了事，毫无一种较高的情感，更缺少用这情感去追求一个美丽而伟大的道德原则的勇气时，我们这个民族应当怎么办？若大学生读书目的，不是站在柜台边做行员，就是坐在公事房做办事员，脑子都不用，都不想，只要有一碗饭吃就算有了出路。甚至于做政论的，作讲演的，写不高明讽刺文的，习理工的，玩玩文学充文化人的，办党的，信教的……出路也都是只顾眼前。大众眼前固然都有了出路，这个国家的明天，是不是还有希望可言？我们如真能够像卢先生那么静观默会天空的云彩云物的美丽，也许会慢慢的陶冶我们，启发我们，改造我们，使我们习惯于向远景凝眸，不敢堕落，不甘心堕落。我以为这才像是一个艺术家最后的目的。正因为这个民族是在求发展，求生存，战争已经三年。战争虽败北，不气馁，虽死亡万千人民，牺牲无数财富，仍不以为意，就为的是这战争背后还有个庄严伟大的理想，使我们对于忧患之来，在任何情形下都能忍受。我们其所以能忍受，不特是我们要发展，要生存，还要为后来者设想，使他们活在这片土地上，更好一点，更像人一点！我们责任那么严重而且又那么困难，所以不特多数知识分子必然要有一个较坚朴的人生观，拉之向上，推之向前，就是做生意的，也少不了需要那么一份知识，方能够把企业的发展与国家的发展，放在同一目标上，分道并进，异途同归！

举一个浅近的例子来说说：我们的眼光注意到"出路""赚钱"以外，若还能够估量到在滇越铁路的另一端，正有多少鬼蜮成性阴险狡诈的木屐儿，圆睁两只鼠眼，安排种种巧计阴谋，在武力与武器无作用地点，预备把劣货倾销到昆明来，且把推销劣货的责任，派给昆明市的大小商家时，就知道学习注意远处，实在是目前一件如何重要的事情！照相必选择地点，取准角度，方可望有较好成就。做人何尝不是一样。明分际，识大体，"有所不为"，敌人虽花样再多，劣货在有经验商家的眼中，总依然看得出，取舍之间是极容易的。若只图发财，见利忘义，"无所不为"，日本货变成国货，改头换面，不过是反手间事！劣货推销仅仅是若干有形事件中之一种。此外各层知识阶级中不争气处，所作所为，实有更甚于此者。

所以我觉得卢先生的摄影，不只是给人看看，还应当给人深思。

北平的印象和感想

——油在水面，就失去了黏腻性质，转成一片虹彩，幻美悦目，不可仿佛。人的意象，亦复如是。有时平匀敷布于岁月时间上，或由于岁月时间所做成的幕景上，即成一片虹彩，具有七色，变易倏忽，可以感觉，不易揣摩。生命如泡沤，如露亦如电，唯其如此，转令人于生命一闪光处，发生庄严感应。悲悯之心，油然而生。

　　十月已临，秋季行将过去。迎接这个一切沉默但闻呼啸的严冬，多少人似乎尚毫无准备。从眼目所及说来，在南方有延长到三十天的满山红叶黄叶，满地露水和白霜。池水清澄、明亮，如小孩子眼睛。这些孩子上早学的，一面走一面哈出白气，两手玩水玩霜不免冻得红红的。于是冬天真来了。在北方刚大不相同。一星期狂风，木叶尽脱，只树枝剩余一二红点子，柿子和海棠果，依稀还留下点秋意。随即是负煤的脏骆驼，成串从四城涌进。（从天安门过身时，这些和平生物可能抬起头，用那双忧愁小眼睛望望新油漆过的高大门楼，容许发生一点感慨："你东方最大的一个帝国，四十年，什么全崩溃下来了。这就是只重应付现实缺少高尚理想的教训，也就是理想战胜事实的说明，而且适用于任何时代任何民族。后来者缺少历史知识，还舍不得这些木石堆积物，从新装饰，用它来点缀政治，这有何用？”也容许正在这时，忽然看到那个停在两个大石狮前面的一件东西，八个或十个轮子，结结实实。一个钢铁管子，斜斜伸出。一切虽用一片油布罩上，这生物可明白那是一种力量，另外一种事实——美国出品坦克。到这时，感慨没有了。怕犯禁忌似的，步子一定快了一点，出月洞门转过南池子，它得上大图书馆卸煤！）还有那个供屠宰用的绵羊群，也挤挤挨挨向四城拥进。说不定在城洞前时，正值一辆六轮大汽车满载新征发的壮丁由城内驶出。这一进一出，恰证实古代哲人一生用千言万语也说不透彻的“圣人不仁”和“有生平等”。——于是冬天真来了。

就在这个时节，我回到了相去九年的北平。心情和二十五年前初到北京下车时相似而不同。我还保留二十岁青年初入百万市民大城的孤独心情在记忆中，还保留前一日南方的夏天光景在感觉中。这两种绝不相同的成分，为一个粮食杂货店中放出的收音机京戏给混合后，第一眼却发现北平的青柿和枣子已上市，共同搁在一辆手推货车上，推车叫卖的“老北京”已白了头。在南方时常听人作新八股腔论国事说：“此后南京是政治中心，上海是商业中心，北平是文化中心。”话说得虽动人，实并不可靠。政治中心照例拥有权势，商业中心照例拥有财富，这个我相信。然而权势和财富都可以改作“美国”，两个中心原来就和老米不可分！至于文化中心，必拥有知识得人尊敬，拥有文物足以刺激后来者怀古感今而敢于寄希望于未来。北平的知识分子的确算得比中国任何一个城市还丰富，不过北平城既那么高，每个人家的墙壁照例那么多而厚，知识可能流注交换，但可能否出城？不免令人怀疑。历史的伟大在北平文物上，即使不曾保留全部，至少还保留了一部分。可是试追究追究保留下来的用处，能不能激发一个中国年轻人的生命热忱，或一种感印、思索，引起他向过去和未来发生一点深刻的爱？由于爱，此后即活得更勇敢些，坚实些，也合理些？实在使人怀疑。若所保留下来的庄严伟大和美丽，既缺少对于活人教育的能力，只不过供星期天或平常日子游人赏玩，或军政要人宴客开会，游人之一部分，说不定还充满游猎兴趣，骑马牵狗到处奔窜，北平的文物即保留得再多，作用也就有限。给予多数人的知识，不过是让人知道前一代胡人统治的帝国，奴役人民二百年，用人民血汗劳力建筑有多大的花园，多大的庙宇宫殿，此外可谓毫无意义可言。一个美国游览团团员，具有调查统制中国兴趣的美国军官眷属，格利佛老太太，阿丽司小姐，可以用它来平衡《马可孛罗游记》[①]所引起她灵魂骚乱的情感（这情感中或许还包含她来中国偶然嫁一蒙古王子的愿望）。一个中国人，假如说，一个某种无知自大的中国人，不问马夫或将军，他也许只会觉得他占领征服了北京城，再也不会还想到他站到的脚下，还有历史。在一个唯有历史却无从让许多人明白历史的情形下，北平的文化价值，如何能使中国人对之表示应有的尊敬，北平有知识的人，教育人的人，实值得思索，值得重新思索，北平的价值和意义，似乎方有希望让少数学生稍稍知道！

北平入秋的阳光，事实上也就可教育人。从明朗阳光和澄蓝天空中，使我温习起住过十年的昆明景象。这时节的云南，风雨季大致已经成为过去，阳光同样如此温暖美好，然而继续下去，却是一切有生机的草木无法死去。我奇怪八年的沦陷，加上新的种种忌讳，居然还有成群的白鸽，敢在用蓝天作背景寒冷空气中自由飞翔。微风刷动路旁的树枝，卷起地面落叶，悉悉率率如对于我的疑问有所回答："凡是在这个大城上空绕绕大小圈子的自由，照例是不会受干涉的。这里

---

① 《马可孛罗游记》现通译为《马可波罗游记》。马克·波罗，意大利旅行家，1275年至中国，历游几遍中国各地。后依其口述笔录成书，是为《马可波罗游记》。

原有充分的自由，犹如你们在地面，在教室或客厅中。""你这个话可是存心有点？""不，鲁迅早死了。讽刺和他同时死去了已多年。""我完全否认你这种态度。""可是你必然完全同意我说及的事实。"这个想象的对话很怪，我疑心有人窃听。试各处看看，没有一个"人"。街上到处走的是另外一种人。我起始发现满街每个人家屋檐下的一面国旗，提醒这是个节日，随便问铺子中人，才知悉和尊师重道有关，当天举行八年来第一回的祭孔大典。全国还将在同日举行这个隆重典礼。我重新关心到苏州平江府那个大而荒凉的文庙，这一天，文庙两廊豢养的几十匹膘壮日本军马，是不是暂时会由那一排看马的病兵牵出，让守职二十年饿得瘦瘪瘪的苏中苏小那一群老教师，也好进孔庙行个礼；且不至于想到讲堂做马厩，而情感脆弱露出酸态？军马即可暂时牵出，正殿上那些无央数身份不明的蝙蝠，又如何处理？可有人乐意接收，乐意保管，更乐意此后即不再交出，马虎过去？万千蝙蝠既占据大成殿的全部，听其自然，又那能使师道尊严？中国孔庙廊庑用来养马的，一定不止平江府，曲阜那一座可能更不堪。这也正象征北平南京师道在仪式上虽被尊敬，其余还有多少地方的师道，却仍在军马与蝙蝠之中讨生活，其无从生活可想而知。

　　我起始在北平市大街上散步。想在散步处地面发现一二种小虫蚁，具有某种不同意志，表现到它本身奇怪造型上，斑驳色彩上，或飞鸣宿食性情上；但无满意结果。人倒很多，汽车，三轮车，洋车，自行车上面都有人。和上海最大不同，街道宽阔而清洁，车辆上的人都似乎不必担心相互撞碰。可是许多人一眼看去，样子都差不多，睡眠不足，营养不足。吃得胖胖的特种人物，包含伟人和羊肉馆掌柜，神气之间便有相通处。俨然已多少代都生活在一种无信心，无目的，无理想情形中，脸上各部官能因不曾好好运用，都显出一种疲倦或退化神情。另外一种即是油滑，市侩、乡愿、官僚、××特有的装作惖厚混合谦虚的油滑。他也许正想起从某某猪太郎转手的某注产业的数目；他也许正计划如何用过去与某某龟太郎活动的方式又来参加什么文化活动，也许还得到某种新的特许……然而从深处看，这种人却又一例还有种做人的是非义利冲突，"羞耻"与"无所谓"冲突，而遮掩不住的凄苦表情。在这种人群中散步，我当然不免要胡思乱想。我们是不是还有方法，可以使这些人恢复正常人的反应，多有一点生存兴趣，能够正常的哭起来，笑起来？我们是不是还可望另一种人在北平市不再露面，为的是他明白"羞耻"二字的含义，自己再也不好意思露面？我们是不是对于那些更年轻的一辈，从孩子时代起始，在教育中应加强一点什么成分，如营养中的维他命，使他们在生长中的生命，待发展的情绪，得到保护，方可望能抗抵某种抽象恶性疾病的传染？方可望于成年时能对于腐烂人类灵魂的事事物物，具有一点抵抗力？

我们似乎需要"人"来重新写作"神话"。这神话不仅综合过去人类的抒情幻想与梦，加以现实成分重新处理。应当综合过去人类求生的经验，以及人类对于人的认识，为未来有所安排，有个明天威胁他，引诱他。也许教育这个坐在现实滚在现实里的多数，任何神话都已无济于事。然而还有那个在生长中的孩子群，以及从国内各地集中于这个大城的青年学生群，很显明的事，即得从宫殿，公园，学校中的图书馆或实验室以外，还要点东西，方不至于为这个大城中的历史暮气与其他新的有毒不良气息所中，失去一个中国人对人生向上应有的信心，要好好的活与能够更好的活的信心！在某种意义上说来，这个信心更恰当名称或叫作"野心"。即寄生于这一片黄土上年轻的生命，对重造社会重造国家应有的野心。若事实上教书的，做官的，在一切社会机构中执事服务的，都吓怕幻想，吓怕理想，认为是不祥之物，决不许与现实生活发生关系时，北平的明日真正对人民的教育，恐还需寄托在一种新的文学运动上。文学运动将从一更新的观点起始，来着手，来展开。

想得太远，路不知不觉也走得远了些。一下子我几乎撞到一个拦路电网上。你们可能想得到，北平目前到处还需要一些无固定性的铁丝网，或火力网，点缀胜利一年以后的古城？

两个人起始摸我的身上，原来是检查。从后方昆明来的教师，似不必要受人作这种不愉快的按摩表示敬意！但是我不曾把我身份说明，因为这是个尊师重教的教师节，免得在我这个"复杂"头脑和另一位"统一"头脑中，都要发生混乱印象。

好在我头脑装的虽多，身上带的可极少，所以一会儿即通过了。回过头看看时，正有两个衣冠整齐的绅士下车，等待检查，样子谦和而恭顺。我知道，他两位十年中一定不曾离开北京，因为困辱了十年，已成习惯，容易适应。

北平的冬天快来了，许多人都担心御冬的燃料大有问题。北平缺少的十分严重的不仅是煤。煤只能暖和身体，无从暖和这个大城中过百万人的疲乏僵硬的心！我们可想起零下三十度的一些地方，还有五十万人不怕寒冷在打仗？虽说这是北平城外很远地方发生的事，却是一件真实事情，发展下去可能有二十万壮丁的伤亡，千百万人民的流离转徙，比缺煤升火炉还严重得多！若我们住在北平城里的读书人，能把缺煤升大火炉的忧虑，转而体会到那零下三十度的地方战事之如何近于不必要，则据我私意，到十二月我们的课堂即再冷一些，年轻学生也不会缺课，或因无火炉而感到埋怨。读书人纵无能力制止这一代战争的继续，至少还可以鼓励更年轻一辈，对国家有一种新的看法，到他们处置这个国家一切时，决不会还需要用战争来调整冲突和矛盾！如果大家苦熬八年回到了北平，连这点兴趣也打不起，依然只认为这是将军、伟人、壮丁、排长们的事情，和我们全不相干，沉默也即是一种否认，很可能我们的儿女，就免不了有一天以此为荣，反而参加热闹。张家口那方面，目前即有不少我们的子侄我们的学生。我们是鼓励他们做无望流血，还是希望他们从新做起？显然两者都不济事，时间太迟了。他们的弟妹又在长成，又在那里"受训"。为人父或教人子弟的，实不能不把这些事想得远一点，深一点，因为目前的事和明日的事决不可分。战事如果是属于知识以外某种不健康情感的迸发与排泄，即不免有传染性，有继续性。当前的国力浪费，即种因于近三十年北平城所拥有的知识的孤立，以及和另外任何一处所拥有的武力，各自存在，各自发展。熟习历史的，教人时既从不参证过历史上"知识"的意义、作用和可能，纵不能代替武力，也还可平衡武力。过去事不曾给我们以教训，而对未来知所防止。所以三五个壮士一天内用卡车装走了清华园一批物品，三个专家半年努力也即恢复不了旧观。五十万人在东北在西北的破坏，若尚不能引起我们的关心，北平的文物和知识，恐当真的就只能供第五颗原子弹做新武器毁旧文明能力的测验！住身北平教育人的似乎还需要一点教育，这教育即从一个无煤的严冬起始。

怀昆明

因为战争，寄寓云南不知不觉就过了九年。初到昆明时，事有凑巧，住处即在五省联帅唐蓂赓住宅对面，湖南军人蔡松坡先生住过的一所小房子中。斑驳陆离的墙砖上，有宣统二年建造字样。老式的一楼一底，楼梯已霉腐不堪，走动时便轧轧作声，如打量向每个登楼者有所申诉。大大的砖拱曲尺形长廊，早已倾斜，房东刘先生便因陋就简，在拱廊下加上几个砖柱。院子是个小小土坪，点缀有三人联手方能合抱的尤加利树两株，二十丈高摇摇树身，细小叶片在微风中绿浪翻银，使人想起树下默不言功的将军冯异①，和不忍剪伐的召伯甘棠②。瓦檐梁柱和树枝高处，长日可看见松鼠三三五五追逐游戏，院中闲静萧条亦可想象。这房屋的简陋情况，和路东那座美轮美奂以花木亭园著名西南各省的唐公馆，恰做成一奇异的对比。若有人注意到这个对比，温习过去历史时，真不免感慨系之！原来这两所房子和推翻帝制

---

　　① 冯异，东汉人，新莽末，任郡掾。后归刘秀。为偏将军，封应候。诸将并坐论功，他常退避树下。

　　② 召伯甘棠，周代召伯南巡时，曾在甘棠树下休息，人们因相诫不要伤害这树，并称之为召棠。

都有关系。战事发生不久，唐公馆则已成为老米①的领事馆，我住的一所，自然更少有人知道注意了。

"护国"已成一个历史名词，"反对帝制"努力也被时间冲淡，年轻人须从教科书解释，方能明白这些名词所包含的意义了。可是我住昆明九年，不拘走到什么地方去，碰到的是厅长委员还是赶马老汉，寒暄请教时，从对面那一位语言神气间，却总看得出一点相同意思，"喔，你家湖南，湖南人够朋友"！这种包含信托、尊重以及一点儿爱好的表示，是极容易令人感觉到的。表示中正反映本地人对松坡先生"够朋友"的良好印象。松坡先生虽死去了三十年，国人也快把他忘掉了，他的素朴风度宽和伟大人格，还好好留在云南。寄寓云南的湖南军人极多，对这种事不知有何感想。至于我呢，实异常受刺激。明白个人取予和桑梓毁誉影响永远不可分。在民族性比较上，湖南人多长于各自为战，而不易黏附团结，然而个人成就终究有种超乎个人的影响牵连存在，且通过长长的岁月，还好好存在。松坡先生在云南的建树，是值得吾人怀念，更值得军人取法的。

湖南人够朋友，当然不只松坡先生。谈革命，首先还应数及老战士黄克强先生。"湖南人够朋友"这句话，就是三十五年以前孙中山先生对克强先生说的。凡熟习中国革命史的学人，都必然明白革命初期所遭遇的挫折。克服种种困难，把帝制推翻，湖南人对革命的忠诚，热忱，勇敢，负责，始终其事，实大有关系。而这点够朋友处，最先即见于中山先生和黄克强先生的友谊上，其次复见于唐蓂赓先生和松坡先生的关系上，再其次还见于北伐时代年轻军人行为上，直到八年抗战，卫国守土，更得到充分表现机会。记得民二十以前，在上海见

---

① 老米，即老美（国）。

蒋百里①先生时，因为谈起湖南的兵，他就说了个关于兵的故事。他说，德国有个文化史学者，讨论民族精神时，曾把日本人加以分析，认为强韧坚实足与中国的湖广人相比，热忱明朗还不如。日本想侵略中国，必需特别谨慎小心。中国军事防线，南北两方面都极脆弱，加压力即容易摧毁。但近于天然的心理防线，头一道是山东河南的忠厚朴质，不易克服，次一道是湖南广东的热情僵持，更难处理。这个形容实伤害了日本人的骄傲自大心，便为文驳问那德国学者，何所见而云然？那德国人极有风趣，只引了两句历史上的成语作为答复，"楚虽三户，亡秦必楚"。意以为凡想用秦始皇兼并方式造成的局势，就终必有一天会被打倒推翻。三户武力何能亡秦？居然能亡秦，那点郁郁不平有所否定的气概，是重要原因！百里先生后来还写了一本书，借用了那个德国学者口气，向多数中国人说，中国若与日本作战，一时失利是必然的。不怕败，只要不受引诱投降议和，拖下去日本就必倒。百里先生虽然抗战第二年即不幸过世，他的深刻信心和明确见解，以及所称引的先知预言，却已经给证实。日本的侵略行为，在中国遭遇的最大阻碍，从长沙、常德、衡阳、宝庆②的争夺战已得到极好教训。日本在中国境内的败北，是从湘省西南雪峰山起始的。日本在印缅军事的失利，敌手恰好又大多是湖南军人。提起这件事，固能增加每个湖南军人的光荣，但这光荣的代价也就不轻细！因为虽骄傲实谨慎的日本军人，一定记忆住那个警告，忧虑大东亚独霸的好梦，会在热情僵持的湖南人面前撞碎，在湖南境内战事进行时，惨酷激烈就少见。八年苦战的结果，实包含了万千忠于国土的湖南军民生命牺牲，

---

① 蒋百里，即蒋方震，浙江人。曾任保定军校校长、吴佩孚军总参谋长、国民党军事委员会高等古文、陆军大学代理校长等职。

② 宝庆，即今邵阳。

以及百十城市的全部毁灭。尽管如此牺牲,湖南人应当还有这点自信,即只要有土地,有人民,稍稍给以时间,便可望从一堆瓦砾上建设起更新更大的城市。可是人的损失,事实上已差不多了。不仅身当其冲的多已完事,即幸而免的老弱残余,留在断垣残瓦荒田枯井边活受罪,待普遍的灾荒一来临,还不免在无望无助情形下陆续为死亡收拾个罄净!灾情的严重一面是无耕具,少壮丁,另一面却是军粮的征实预借还继续进行。直到灾情已极端严重时,方稍稍引起负责方面的注意,得到一点点救济,稍稍喘一口气。可是国库大过赈济百倍的经常担负,却是把一些待退役转业的军官收容下来,尽这些有功于国的军人,在应遣散不即遣散,待转业又从不认真为其准备转业情况中等待下去。等待什么?还不是等个机会,来把美国剩余军火,重新装备,在国内各地砰砰彭彭进行那个"战争"!(这种收容军官机构,据一个同乡军官说,全国约二十个,人数在十二万以上,其中至少有三分之一就是湖南人。总队长大队长且有三分之二是湖南人。)试分析一下活在这个中国谷仓边人民普遍死亡的远因近果,以及国内当前可忧虑局势的发展,我们就会明白湖南人自傲的"无湘不成军"一句话,实含有多少悲剧性!对国家,湖南人总算够朋友了。可是国家负责方面,对于这片土地上人民的当前和未来,是不是还有点责任待尽?因为赈济湘灾,政府方面既不大关心,湖南人还得自救。在云南一发动募捐,数日即已过两万万,且超过了全国募捐总记录。对湖南,云南人也总算够朋友了。可是寄寓云南的湖南人,是不是还需要从各方面努点力,好把松坡先生三十年前所建立于当地的良好友谊,加以有效的扩大,莫使它在小小疏忽中,以及岁月交替中失坠?

国内局面既如此浑沌,正若随时随地均可恶化。在这个情况下,许多情绪郁结待找出路的人物,或因头脑单纯,或因好事喜弄,自不免禁不住要做做英雄打天下的糊涂梦,只要有东西在手,大打小打无不乐意从事。然稍稍认识国家人民破碎糜烂已到何等状况下的，对于武力与武器的使用，便明白不问大小，不能不万分谨慎小心！云南人性情坦白直爽，和湖南人有相似处。至于重友情，好学问，而谦虚从善以图适应时代，一般说来且比湖南人为强。

社会睿智明达之士，眼光远大，见事深刻，对国家民主特具热忱幻念者，更不乏人。自从日前闻李惨案①发生后，大姚李一平先生，即电云南省参议会同乡说："此事发生于滇，近于吾滇之耻。务必将其事追究水落石出，以慰死者，以明是非。"目前在云南负军事责任的为湖南人，负昆明地方治安责任的亦湖南人，如何使这件事水落石出，彻底清楚，驻滇的湖南高级军官，实有其责任和义务待尽。若事不明白，或如"一二·一"学生惨案②，马马虎虎过去，也近于湖南人羞耻，云南人多的是钱，当事者还不曾想到如何设法把唐公馆买来，好好保护，作为云南人对民主憧憬与认识的象征。至于松坡先生所住的小小房子，湖南同乡实在也值得集资购来，妥慎保存，留为一湘贤记念，且可为湘滇两地人士为国事合作良好友谊的象征，每一高级湖南军官，初到云南时，如能在那小房子中住住，与当地贤豪长者相过从，就必然会为一种崇高情绪浸润，此后对国家，对地方，对个人，知道随时随处还有多少好事可做，还有多少好事待做，西南一隅明日传给国人的消息，也自然会化乖戾为祥和，只听说建设与进步，不至于依然是暴徒白昼杀人，或更大如苏北、山西种种不幸！

① 闻李惨案，即1946年7月闻一多、李公朴在昆明被国民党特务暗杀事件。

② "一二·一"学生惨案，即1945年12月1日，大批国民党特务和军人分途围攻西南联大和云南大学等校，毒打学生和教师，并向学生集中的地方投掷手榴弹，炸死西南联大学生潘琰、李鲁连，昆华工校学生张华昌，南菁中学青年教师于再4人，重伤29人，轻伤30多人。

从现实学习

——近年来常有人说我不懂"现实"，追求"抽象"，勇气虽若热烈实无边际。在杨墨并进①时代，不免近于无所归依，因之落伍。这个结论不错，平常而自然。极不幸即我所明白的现实，和从温室中培养长大的知识分子所明白的全不一样，和另一种出身小城市自以为是属于工农分子明白的也不一样，所以不仅目下和一般人所谓现实脱节，即追求抽象方式，恐亦不免和其他方面脱节了。试疏理个人游离于杨墨以外种种，写一个小文章，用作对于一切陌生访问和通信所寄托的责备与希望的回答。

　　我第一次听到"现实"两个字，距如今已二十五年。我原是个不折不扣的乡巴佬，辗转于川黔湘鄂二十八县一片土地上。耳目经验所及，属于人事一方面，好和坏都若离奇不经。这份教育对于一个生于现代城市中的年轻人，实在太荒唐了。可是若把它和目下还存在于中国许多事情对照对照，便又会觉得极平常了。当时正因为所看到的好

---

　　① 杨即杨朱，墨即墨翟（墨子），杨、墨均为战国初期的思想家。这是用来指现实中两种对立的人生态度。

的农村种种逐渐崩毁，只是大小武力割据统治做成的最愚蠢的争夺打杀，对于一个年轻人教育意义是现实，一种混合愚蠢与堕落的现实，流注浸润，实在太可怕了，方从那个半军半匪队部中走出。不意一走便撞进了住有一百五十万市民的北京城。第一回和一个亲戚见面时，他很关心的问我："你来北京，做什么的？"我即天真烂漫的回答说："我来寻找理想，读点书。""嘻，读书。你有什么理想，怎么读书？你可知道，北京城目下就有一万大学生，毕业后无事可做，愁眉苦脸不知何以为计。大学教授薪水十折一，只三十六块钱一月，还是打拱作揖联合罢教软硬并用争来的。大小书呆子不是读死书就是读书死，哪有你在乡下做老总有出息！""可是我怎么做下去？六年中我眼看在脚边杀了上万无辜平民，除对被杀的和杀人的留下个愚蠢残忍印象，什么都学不到！做官的有不少聪明人，人越聪明也就越纵容愚蠢气质抬头，而自己俨然高高在上，以万物为刍狗。被杀的临死时的沉默，恰像是一种抗议：'你杀了我肉体，我就腐烂你灵魂。'灵魂是个看不见的东西，可是它存在，它将从另外许多方面能证明存在。这种腐烂是有传染性的，于是军官就相互传染下去，越来越堕落，越变越坏。你可以想得到，一个机关三百职员有百五十支烟枪，是个什么光景？我实在待不下了，才跑出来！……我想来读点书，半工半读，读好书救救国家。这个国家这么下去实在要不得！"

我于是依照当时《新青年》《新潮》《改造》等刊物所提出的文学运动社会运动原则意见，引用了些使我发迷的美丽词令，以为社会必须重造，这工作得由文学重造起始，文学革命后，就可以用它燃起这个民族被权势萎缩了的情感，和财富压瘪扭曲了的理性。两者必需解放，新文学应负责任极多。我还相信人类热忱和正义终必抬头，爱能重新黏合人的关系，这一点明天的新文学也必须勇敢担当。我要那么从外面给社会的影响，或从内里本身的学习进步，证实生命的意义和生命的可能。说去说来直到自己也觉得不知所谓时，方带怔止住。事实上呢，只需几句话即已足够了。"我厌恶了我接触的好的日益消失坏的支配一切那个丑恶现实。若承认它，并好好适应它，我即可慢慢升科长，改县长，做厅长。但我已因为厌恶而离开了。"至于文学呢，我还不会标点符号！我承认应当从这个学起，且丝毫不觉得惭愧。因为我相信报纸上说的，一个人肯勤学，总有办法的。

亲戚为人本富于幽默感，听过我的荒谬绝伦抒情议论后，完全明白了我的来意，充满善心对我笑笑地说："好，好，你来得好。人家带了弓箭药弩入山中猎取虎豹，你倒赤手空拳带了一脑子不切实际幻想入北京城做这份买卖。你这个古怪乡下人，胆气真好！凭你这点胆气，就有资格来北京城住下，学习一切经验一切了。可是我得告你，既为信仰而来，千万不要把信仰失去！因为除了它，你什么也没有！"

我当真就那么住下来了。摸摸身边，剩余七块六毛钱。"五四运动"以后第三年。

怎么向新的现实学习？先是在一个小公寓湿霉霉的房间，零下十二度的寒气中，学习不用火炉过冬的耐寒力。再其次是三天两天不吃东西，学习空空洞洞腹中的耐饥力。并其次是从饥寒交迫无望无助状况中，学习进图书馆自行摸索的阅读力。再其次是起始用一支笔，无日无夜写下去，把所有作品寄给各报章杂志，在毫无结果等待中，学习对于工作失败的抵抗力与适应力。各方面的测验，间或不免使得头脑有点儿乱，实在支撑不住时，便跟随什么奉系直系募兵委员手上摇摇晃晃那一面小小三角白布旗，和五七个面黄肌瘦不相识同胞，在天桥杂要棚附近转了几转，心中浮起一派悲愤和混乱。到快要点名填志愿书发饭费时，那亲戚说的话，在心上忽然有了回音，"可千万别忘了信仰"！这是我唯一老本，我哪能忘掉？便依然从现实所做成的混乱情感中逃出，把一双饿得昏花蒙眬的眼睛，看定远处，借故离开了那个委员，那群同胞，回转我那"窄而霉小斋"，用空气和阳光做知己，照旧等待下来了。记得郁达夫先生第一次到我住处来看看，在口上，随后在文章上，都带着感慨劝我向亲戚家顺手偷一点什么，即可从从容容过一年时，我只笑笑。为的是他只看到我的生活，不明白我在为什么而如此生活。这就是我到北方来追求抽象，跟现实学习，起始走的第一段长路，共约四年光景。年轻人欢喜说"学习"和"争斗"，可有人想得到这是一种什么学习和争斗！

这个时节个人以外的中国社会呢，代表武力有大帅，巡阅使，督军……马弁。代表文治有内阁和以下官吏到传达。代表人民有议会参众两院到乡约保长，代表知识有大学教授到小学教员。武人的理想为多讨几个女戏子，增加家庭欢乐。派人和大土匪或小军阀招安撤伙，膨胀实力。在会馆衙门做寿唱堂会，增加收入并表示阔气。再其次即和有实力的地方军人，与有才气的国会文人，换谱打亲家，企图稳定局面或扩大局面。凡属武力一直到伙夫马夫，还可向人民作威作福，要马料柴火时，吓得县长越墙而走。至于高级官吏和那个全民代表，则高踞病态社会组织最上层，不外三件事娱乐开心：一是逛窑子；二是上馆子；三是听乐子。最高理想是讨几个小婊子，找一个好厨子。（五子登科原来也是接收过来的！）若兼做某某军阀驻京代表时，住处即必然成为一个有政治性的俱乐部，可以唱京戏，推牌九，随心所欲，京兆尹和京师警察总监绝不会派人捉赌。会议中照报上记载看来，却只闻相骂，相打，打到后来且互相上法院起诉。两派议员开会，席次相距较远，神经兴奋无从交手时，便依照《封神演义》上作战方式，一面大骂一面祭起手边的铜墨盒法宝，远远抛去，弄得个墨汁淋漓。一切情景恰恰像《红楼梦》顽童茗烟闹学，不过在庄严议会表演而已。相形之下，会议中的文治派，在报上发表的宪法约法主张，自然见得黯然无色。任何理论都不如现实具体，但这却是一种什么现实！在这么一个统治机构下，穷是普遍的事实。因之解决它即各自着手。管理市政的卖城砖，管理庙坛的卖柏树，管理宫殿的且因偷盗事物过多难于报销，为省事计，即索兴放一把火将那座大殿烧掉，无可对证。一直到管理教育的一部之长，也未能免俗，把京师图书馆的善本书，提出来抵押给银行，用为发给部员的月薪。总之，凡典守保管的都可以随意处理。即自己性命还不能好好保管的大兵，住在西苑时，也异想天开，把圆明园附近大路路面的黄麻石，一块块撬起卖给附近学校人家起墙造房子。卖来卖去，政府当然就卖倒了。一团腐烂，终于完事。但促成其崩毁的新的一群，一部分既那么贴进这个腐烂堆积物，就已经看出一点征象，于不小心中沾上了些有毒细菌。当时既不曾好好消毒防止，当然便有相互传染之一日。

从现实以外看看理想，这四年中也可说是在一个新陈代谢挣扎过程中。文学思想运动已显明在起作用，扩大了年轻学生对社会重造的幻想与信心。那个人之师的一群呢，"五四"已过，低潮随来。官僚取了个最像官僚的政策，对他们不闻不问，使教书的同陷于绝境。然而社会转机也即在此。教授过的日子虽极困难，唯对现实的否定差不多却有了个一致性。学生方面则热忱纯粹分子中，起始有了以纵横社交方式活动的分子，且与"五四"稍稍不同，即"勤学"与"活动"已分离为二。不学并且像是一种有普遍性的传染病。（这事看来小，发展下去影响就不小！五四的活动分子，大多数都成了专家学者，对社会进步始终能正面负责任。三一八①的活动分子，大多数的成就，便不易言了。）许多习文学的，当时即搁了学习的笔，在种种现实中活动，联络这个，对付那个，欢迎活的，纪念死的，开会，打架——

---

① "三一八"，即1926年3月18日段祺瑞执政府屠杀人民群众造成的惨案。

这一切又一律即名为革命过程中的争斗，庄严与猥亵的奇异混合，竟若每事的必然，不如此即不成其为活动。问问"为什么要这样？"就中熟人即说："这个名叫政治。政治学权力第一。如果得到权力，就是明日伟大政治家。"这一来，我这个乡下人可糊涂了。第一是料想不到文学家的努力，在此而不在彼。其次是这些人将来若上了台，能为国家做什么事？有些和我相熟的，见我终日守在油腻腻桌子边出神，以为如此呆下去，不是自杀必然会发疯，从他们口中我第二次听到现实。证明抽象的追求现实方式。

"老弟，不用写文章了。你真太不知道现实，净做书呆子做白日梦，久想产生伟大的作品，那会有结果？不如加入我们一伙，有饭吃，有事做，将来还可以——只要你愿意，什么都不难。"

"我并不是为吃饭和做事来北京的！"

"那为什么？难道当真喝北风、晒太阳可以活下去？欠公寓伙食账太多时，半夜才能回住处，欠馆子饭账三五元，就不大敢从门前走过，一个人可以如此长远无出息的活下去？我问你。"

"为了证实信仰和希望，我就能够。"

"信仰和希望，多动人的名词，可是也多空洞！你就呆呆地守住这个空洞名词拖下去，挨下去，以为世界有一天忽然会变好？老弟，世界上事不那么单纯，你所信仰希望的唯有革命方能达到。革命是要推翻一个当前，不管它好坏，不问用什么手段，什么方式。这是一种现实。你出力参加，你将来就可做委员，做部长，什么理想都可慢慢实现。你不参加，那就只好做个投稿家，写三毛五一千字的小文章，过这种怪寒伧的日子下了。"

"你说信仰和希望，只是些单纯空洞名词，对于我并不如此。它至少将证明一个人有坚信和宏愿，能为社会做出点切切实实的贡献。譬如科学……"

"不必向我演说，我可得走了。我还有许多事情！四点钟还要出席同乡会，五点半出席恋爱自由讨论会，八点还要……老弟，你就依旧写作你的杰作吧，我要走了。"

时间于是过去了，"革命"成功了。现实使一些人青春的绿梦全褪了色。我那些熟人，当真就有不少凭空做了委员，娶了校花，出国又回国，从作家中退出，成为手提皮包，一身打磨得光亮亮小要人的。但也似乎证实了我这个乡下人的呆想头，并不十分谬误。做官固然得有人，做事还要人，挂个作家牌子，各处活动，终日开会吃点心固然要人，低头从事工作更要人。守住新文学运动所提出的庄严原则，从"工具重造"观点上有所试验，锲而不舍的要人，从"工具重用"观点上，把文学用到比宣传品作用深远一些，从种种试验取得经验的尤其要人。革命如所期待的来临，也如所忧虑加速分化。在这个现实过程中，不幸的做了古人，幸运的即做了要人。文学成就是各自留下三五十首小诗，或三五篇小说，装点装点作家身份。至于我呢，真如某兄所说，完全落了伍。因为革命一来，把三毛到一元文字的投稿家身份也剥夺了，只好到香山慈幼院去作个小职员。但自己倒不在意，只觉得刚走毕第一段路，既好好接触这个新的现实，明白新的现实，一切高尚理想通过现实时，所形成的分解与溃乱，也无一不清清楚楚，而把保留叙述这点儿现实引为己任，以为必可供明日悲剧修正的参考。

在革命成功热闹中，活着的忙于权利争夺时，刚好也是文学作品和商业资本初次正式结合，用一种新的分配商品方式刺激社会时，现实政治和抽象文学亦发生了奇异而微妙的联系。我想要活下去，继续工作，就必得将工作和新的商业发生一点关系。我得起始走进第二步路，于是转到一个更大现实的都市，上海。上海的商人，社会，以及作家，便共同给我以另外一课新的测验，新的经验。

当时情形是一个作家总得和某方面有点关连，或和政治，或和书店——或相信，或承认，文章出路即不大成问题。若依然只照一个"老京派"方式低头写，写来用自由投稿方式找主顾，当然无出路。且现代政治的特殊包庇性，既已感染到作家间，于是流行一种现实争斗，一例以小帮伙作基础，由隔离形成小恩小怨，对立并峙。或与商业技术合流，按照需要，交换阿谀，标榜同道，企图市场独占。或互相在文坛消息上制造谣言，倾覆异己，企图取快一时。在这种变动不居是非不明的现实背景中，人的试验自然也因之而加强。为适应环境更需要眼尖手快，以及能忽彼忽此。有昨日尚相互恶骂，今日又握手言欢的。有今天刚发表雄赳赳的议论，大家正为他安全担心，隔一日却已成为什么什么老伙计的。也有一面兼营舞场经理，赌场掌柜，十分在行，一面还用绿色水笔写恋爱诗，红色水笔写革命诗的。……总之，千奇百怪，无所不有。对于文学，由这些人说来，不过是一种求发展求生存的工具或装饰而已。既不过是工具或装饰，热闹而不认真处，自然即种下邪恶种子，影响于社会的将来。很可惜即一些准备执笔的年轻朋友，习染于这个风气中，不能不一面学习写作，一面就学习送丧拜寿。其时个人用个虔诚谨慎态度有所写作，成绩足以自见的，固不乏人。但一到集团，便不免空空洞洞。集团表面越势力赫赫，这部门也就越见得空虚。文运既由个人自由竞争转而成为党团或书商势力和钱财的堆积比赛，老板为竞争营业计，因之昨日方印行普罗文学，明日又会提倡儿童妇女教育。对作家则一例以不花钱为原则，减少商品成本，方合经济学原理。但为营业计，每一书印出尚可见大幅广告出现，未尝不刺激了作者，以为得不到金钱总还有个读者。至于政治，则既有那种用作家名分作委员要人的在内，当然还要文学，因此到某一天，首都什么文学夜会时，参加的作家便到了四五百人。且有不少女作家。事后报上还很生动的叙述这个夜会中的种种，以为要人和美丽太太都出席，增加了夜会的欢乐进步空气。要人之一其实即是和我同在北平小公寓中住下，做了十多年作家，还不曾印行过一个小小集子的老朋友。也就是告我政治即权力的活动家。夜会过后，这"魔手生蛋"一般出现的四百作家，也就似乎忽然消失了，再不曾听说有什么作品上报了。这个现实象征的是什么，热闹是否即进步，或稍稍有点进步的希望？现实对某些人纵不可怕，对年轻的一辈却实在是影响恶劣。原来一种新的腐败已传染到这个部门，一切如戏，点缀政治。无怪乎"文学即宣传"一名词，毫无人感觉奇异。……乡下人觉得三年中在上海已看够了，学够了，因之回到了北平，重新消失于一百五十万市民群中，不见了。我明白，还只走完第二段路，尚有个新的长长的寂寞跋涉，待慢慢完成。北平的北风和阳光，比起上海南京的商业和政治来，前者也许还能督促我，鼓励我，爬上一个新的峰头，贴近自然，认识人生。

我以为作家本无足贵，可贵者应当是他能产生作品。作品亦未必尽可贵，可贵者应当：他的成就或足为新文学运动提出个较高标准，创造点进步事实，一面足以刺激更多执笔者，有勇气，得启示，能做各种新的努力和探险，一面且足以将作品中所浸润寄托的宏博深至感情，对读者能引起普遍而良好的影响。因此一个作家当然不能仅具个作家身份，即用此身份转而成为现实政治的清客，或普通社会的交际花为已足。必需如一般从事科学或文史工作者，长时期沉默而虔敬的有所从事，在谨严认真持久不懈态度上，和优秀成就上，都有同样足资模范的纪录。事业或职业部门多，念念不忘出路不忘功利的，很可以在其他部门中得到更多更方便机会，不必搞文学，不必充作家。政治上负责者无从扶助这个部门的正常发展，也就得放弃它，如放弃学校教育一样，将它一律交给自由主义者，听其在阳光和空气下自由发展。（教育还包含了点权利，必国家花钱，至于文学，却近乎完全白尽义务，要的是政府给予以自由，不是金钱！）这个看法本极其自然，与事实需要亦切合。然于时政治上已有个独占趋势，朝野既还有那些走路像作家，吃饭像作家，稿纸上必印就"××创作用稿"，名片上必印就"××文学会员"的活动人物，得在上海争文运作为政治据点，且寄食于这个名分上。因之在朝在野所做成的空气，就依然还是把作家放入宣传机构作属员为合理。凡违反这个趋势的努力都近于精力白费，不知现实。"民族文学""报告小说"等名词即应运而生。多少人的活动，也因之与中国公文政治有个一致性，到原则方案提出后，照例引起一阵辩论，辩论过后，告一段落，再无下文。正因为空论易热闹，实难见好，相互之间争持名词是非，便转而越见激烈。到无可争持时，同属一伙还得争个名分谁属，谁发明，谁领导，来增加文运活泼空气。真如所谓"妄人争年，以后止者为胜"，虽激烈而持久，无助于真实的进步亦可想而知！活泼背后的空虚，一个明眼人是看得出的。

文学运动既离不了商业竞卖和政治争夺，由切实工作转入宣传铺张，转入死丧庆吊仪式趋赴里，都若有个凤命的必然。在这个风气流转中，能制造点缀"时代"风景的作家，自然即无望产生受得住岁月陶冶的优秀作品。玩弄名词复陶醉催眠于名词下的作家既已很多了，我得和那个少数争表现。工作也许比他人的稍麻烦些，沉闷些，需保持单纯和严谨，从各方面学习试用这支笔，才能突破前人也超越自己。工作游离于理论纠纷以外，于普通成败得失以外，都无可避免。即作品的表现方式，也不得不从习惯以外有所寻觅，有所发现，扩大它，重造它，形成一种新的自由要求的基础。因之试从历史传说上重新发掘，腐旧至于佛典中喻言禁律，亦尝试用一种抒情方式，重新加以处理，看看是不是还能使之翻陈出新。文体固定如骈文和偈语，亦尝试将它整个解散，与鄙俚口语重新拼合，证明能不能产生一种新的效果。我还得从更多不同地方的人事和景物取证，因之不久又离开北京，在武汉，在青岛，各地来去过了二年。就中尤以在青岛两年中，从多阳光的海岸边所做的长时间的散步，大海边的天云与海水，以及浪潮漂洗得明莹如玉的螺蚌残骸所得的沉默无声的教育，竟比一切并世文豪理论反而还具体。唯工作方式既游离于朝野文学运动理论和作品所提示的标准以外，对于寄食的职业又从不如何重视，所以对普遍生活言，我近于完全败北。然而对于工作信仰和希望，却反而日益明确。在工做成就上，我明白，还无望成为一个优秀作家，在工作态度上，却希望能无愧于手中一支笔，以及几个良师益友一群赞赏者对于这支笔可作的善意期许。

东北沦陷于日人手中后，敌人势力逼近平津，华北有特殊化趋势。为国家明日计，西北或河南山东，凡事都得要重新做起，问题不轻细。有心人必承认，到中央势力完全退出时，文字在华北将成为唯一抵抗强邻坚强自己的武器。三十岁以上一代，人格性情已成定型，或者无可奈何了，还有个在生长中的儿童与少壮，待注入一点民族情感和做人勇气。因之和几个师友接受了一个有关国防的机构委托，为华北学生编制基本读物①。从小学起始，逐渐完成。把这些教材带到师大附小去做实验的，还是个国立大学校长，为理想的证实，特意辞去了那个庄严职务，接受这么一份平凡工作。乡下人的名衔，则应当是某某小学国文教师的助理。（同样做助理的，还有个是国内极负盛名大学的国文系主任！）照政治即权力的活动家说来，这义利取舍多不聪明，多失计。但是，乡下人老实沉默走上第三段路，和几个良师益友在一处工作继续了四年，很单纯，也很愉快。

在争夺口号名词是非得失过程中，南方以上海为中心，已得到了

① 此事指一九三三年夏天开始以杨振声为首的华北中小学生编写教材和基本读物的任务。下文所说辞去国立大学校长职务的人，即杨振声；一九三三年九月前，杨曾担任青岛大学校长。下文中的"国文系主任"则指任清华大学中文系主任的朱自清。

个"杂文高于一切"的成就。然而成就又似乎只是个结论，结论且有个地方性，有个时间性，一离开上海，过二三年后，活泼热闹便无以为继，且若无可追寻。在南京，则文学夜会也够得个活泼热闹！在北平呢，真如某"文化兄"所说，死沉沉的。人与人则若游离涣散，见不出一个领导团体。对工作信念，则各自为战，各自低头寻觅学习，且还是一套老心情，藏之名山，传诸其人，与群众脱离，与现实脱离。某"文化兄"说得当然是一种真实。但只是真实的一面，因为这死沉沉与相对的那个活泼泼，一通过相当长的时间，譬如说，三年四年吧，比较上就会不同一点的。在南方成就当然也极大。唯一时间用人工方法做成注意热闹集中的大众语、拉丁化等，却似乎只做成一个政治效果，留下一本论战的总集，热闹过后，便放弃了。总之，团体和成就竟若一个相反比例，集团越大成就就越少。所以在南京方面，我们竟只留下一个印象，即"夜会"继以"虚无"。然而在北方，在所谓死沉沉的大城里，却慢慢生长了一群有实力有生气的作家。曹禺、芦焚、卞之琳、萧乾、林徽因、李健吾、何其芳、李广田……是在这个时期陆续为人所熟习的，而熟习的不仅是姓名，却熟习他们用个谦虚态度产生的优秀作品！因为在游离涣散不相黏附各自为政情形中，即有个相似态度，争表现，从一个广泛原则下自由争表现。再承认另一件事实，即听凭比空洞理论还公正些的"时间"来陶冶清算，证明什么将消灭，什么能存在。这个发展虽若缓慢而呆笨，影响之深远却到目前尚有作用，一般人也可看出的。提及这个扶育工作时，《大公报》对文学副刊的理想，朱光潜、闻一多、郑振铎、叶公超、朱自清诸先生主持大学文学系的态度，巴金、章靳以主持大型刊物的态度，共同做成的贡献是不可忘的。

只可惜工作来不及作更大的展开，战争来了。一切书呆子的理想，和其他人的财富权势，以及年轻一辈对生活事业的温馨美梦，同样都于顷刻间失去了意义。于是大家沉默无言在一个大院中大火炉旁，毁去了数年来所有的资料和成绩，匆匆离开了北平，穿过中国中部和西南部，转入云南。现实虽若摧毁了一切，可并不曾摧毁个人的理想。这并不是个终结，只是一个新的学习的开始。打败仗图翻身，胜利后得建国，这个部门的工作，即始终还需要人临以庄敬来谨慎从事。工作费力而难见好。在人弃我取意义下，我当然还得用这一支笔从学习中讨经验，继续下去。

到云南后便接近一个新的现实社会。这社会特点之一，即耳目所及，无不为战争所造成的法币空气所渗透。地方本来的厚重朴质，虽还保留在多数有教养的家庭中，随物质活动来的时髦，却装点到社会表面。阳光下自由既相当多，因之带刺的仙人掌即常常缠了些美而易谢的牵牛花，和织网于其间的银绿色有毒蜘蛛，彼此共存共荣。真实景物中还包含了个比喻，即在特别温暖气候中，能生长高尚理想，也能繁荣腐臭事实。少数人支配欲既得到个充分发展机会，积累了万千不义财富，另外少数人领导欲亦需要寻觅出路，取得若干群众信托。两者照理说本相互对峙，不易混合，但不知如何一来，却又忽然转若可以相互依赖，水乳交融，有钱有势的如某某金融头目，对抽象忽发生兴味，装作追求抽象的一群，亦即忽略了目前问题。因之地方便于短短时期忽然成为民主的温室。到处都可听到有人对于民主的倾心，真真假假却不宜过细追问。银行客厅中挂满了首都名流的丑恶字画，又即在这种客厅中请来另外一些名流作家反复演讲。在这个温室中，真正对学术有贡献，做人也站得住的纯粹知识分子，在国家微薄待遇中，在物价上涨剥削中，无不受尽困辱饥饿，不知何以为生。有些住处还被人赶来赶去。也少有人注意到他们对国家社会战时平时的重要性，或就能力所及从公私各方面谋补救之力。小部分在学识上既无特别贡献，为人还有些问题的，不是从彼一特殊意义中，见得相当活跃，即是从此一微妙关系中，见得相当重要。或相反，或相成，于是到处有国际猜谜的社论，隔靴搔痒的座谈，新式八股的讲演，七拼八凑的主张。凡事都若异常活泼而庄严，背后却又一例寄托于一个相当矛盾的不大不小各种机缘上。一切理想的发芽生根机会，便得依靠一种与理想相反的现实。所以为人之师的，一面在推广高尚的原则，一面亦即在承认并支持一些不甚高尚的现实。一些青年朋友呼吸此种空气，也就成为一个矛盾混合体。贫穷的子弟多还保有农村的朴质纯粹，非常可爱；官商子弟暴发户，则一面从不拒绝家中得来的不义之财，买原子笔学跳舞，以为时髦不落人后。书房中却照例乐意有个鲁迅高尔基木刻像，也参加回把社会朗诵诗，免得思想落伍。因之一时兴奋，什么似乎都能否定，兴奋过后继以沉默，什么似乎又即完全承认。社会一面如此，另一面则又有些人，俨若游离于时代苦闷以外，亦在时代苦闷之中。即一部分知识分子，平时以儒学自许，自高自卑情绪错综纠结，寂寞难受，思有以自见，即放弃了"子不语怪力乱神"的理性态度，听生命中剩余宗教情绪泛滥，一变而公开为人念咒诵经，打鬼驱魔。且有人不自知残忍，从种种暗示中促成家中小孩子白日见神见鬼，且于小小集团中，相互煽惑，相互传染。举凡过去神权社会巫术时代的形形色色，竟无不在着长袍洋装衣冠中复演重生。由藏入滇的喇嘛，穿上朱红缎袍，坐了某委员的吉普车满街兜风，许多有知无知的善男信女，因之即在大法王驻跸处把头磕得个昏昏沉沉，求传法得点灵福。(这些人可绝想不到中甸大庙那个活佛，却是当地唯一钟表修理人！)大约这也分散了些民主的信仰，于是就来了"政治"，又有什么"国特"活动的近乎神迹鬼话的传说，铺张于彼此寒暄里。……试为之偈曰："一切如戏，点缀政治。一切如梦，认真无从。一切现实，背后空虚。仔细分析，转增悲悯。"一切有生，于抵抗、适应、承受由战争而来的抽象具体压力时所见出种种园景彩绘，固必然如彼如此也。

由于战争太久，大家生活既艰苦又沉闷，国事且十分糟，使人对于现实政治更感到绝望，多少人神经都支持不住，失去了本来的柔韧，因之各以不同方式，谋得身心两面的新的平衡。从深处看，这一切本不足奇。但同时从深处看，"民主温室"之破碎冻结，一变而成为冰窖，自是意中事。这个温室固可望培养滋育某种健康抽象观念，使之经风雨，耐霜雪，但亦可能生成野蒿莠麻。而后者的特殊繁殖性，且将更容易于短时期普遍蔓延，使地面形成一个回复荒芜现象，也是意中事。乡下人便在这个复杂多方的现实中，领略现实，并于回复过程中，认识现实，简简单单过了九年日子。在这段时间中，对于能变更自己重造自己去适应时代，追求理想，终又因为当权者爪牙一击而毁去的朋友，我充满敬意。可是对于另外那些更多数同事，用完全沉默来承当战争所加给于本身的苦难，和工作所受挫折限制，有一时反而被年轻人误解，亦若用沉默来否定这个现实的，实抱同样敬意。为的是他们的死，他们的不死，都有其庄严与沉痛。而生者的担负，以及其意义，影响于国家明日尤其重大。我明白，我记住，这对我也即是一种教育。

这是乡下人的第四段旅程，相当长，相当寂寞，相当苦辛。但却依然用那个初初北上向现实学第一课的朴素态度接受下来了。尤其是战事结束前二年，一种新式纵横之术，正为某某二三子所采用，在我物质精神生活同感困难时期，对我所加的诽谤袭击。另一方面，我的作品一部分，又受个愚而无知的检查制度所摧毁。几个最切身的亲友，且因为受不住长时期战争所加于生活的压力，在不同情形下陆续毁去。从普通人看来，我似乎就还是无力抵抗，不作解救之方，且仿佛无动于衷。然而用沉默来接受这一切的过程中，至少家中有个人却明白，这对我自己，求所以不变更取予态度，用的是一种什么艰苦挣扎与战争！

这期间，世界地图变了。这个前后改变，凡是地下资源所在，人民集中，商业转口，军略必争处，以及广大无垠的海洋和天空，也无不有钢铁爆裂做成的死亡与流血。其继续存在的意义上，亦无不有了极大分别。即以中国而言，属于有形的局势和无形的人心，不是也都有了大大变更？即以乡下人本身而言，牙齿脱了，头发花了，至于个人信念，却似乎正好用这一切作为测验，说明它已仿佛顽固僵化，无可救药。我只能说，脱掉的因为不结实，听它脱掉。毁去的因为脆弱，也只好随之毁去。为追求现实而有所予，知适应现实而有所取，生活也许会好得多，至少那个因失业而发疯亲戚还可望得救。但是我的工作即将完全失去意义。一个人有一个人的限度，君子豹变既无可望，恐怕是近于夙命，要和这个集团争浑水摸鱼的现实脱节了。这也就是一种战争！即甘心情愿生活败北到一个不可收拾程度，焦头烂额，争取一个做人的简单原则，不取非其道，来否认现代简化人头脑的势力所做的挣扎。我得做人，得工作，二而一，不可分。我的工作在解释过去，说明当前，至于是否有助于未来，正和个人的迂腐顽固处，将一律交给历史结算去了。

国家既落在被一群富有童心的伟大玩火情形中，大烧小烧都在人意料中。历史上玩火者的结果，虽常常是烧死他人时也同时焚毁了自己，可是目前，凡有武力武器的恐都不会那么用古鉴今。所以烧到后来，很可能什么都会变成一堆灰，剩下些寡妇孤儿，以及……但是到那时，年轻的一代，要生存，要发展，总还会有一天觉得要另外寻出一条路的！这条路就必然是从"争夺"以外接受一种教育，用爱与合作来重新解释"政治"二字的含义，在这种憧憬中，以及憧憬扩大努力中，一个国家的新生，进步与繁荣，也会慢慢来到人间的！在当前，在明日，我们若希望那些在发育长成中的头脑，在僵化硬化以前，还能对现实有点否定作用，而又勇于探寻能重铸抽象，文学似乎还能做点事，给他们以鼓励，以启示，以保证，他们似乎也才可望有一种希望和勇气，明日来在这个由于情绪凝结自相残毁所做成的尸骨瓦砾堆积物上，接受持久内战带来的贫乏和悲惨，重造一个比较合理的国家！

我回来了，回到离开了九年相熟已二十五年的北京大城中来了。一切不同，一切如旧。从某方面言，二十年前军阀政客议员官僚的种种，都若已成陈迹，已成过去。这种过去陈迹的叙述，对于一个二十岁左右的年轻朋友，即已近于一种不可信的离奇神话，竟不像真有其人真有其事。但试从另一角度看看，则凡是历史上影响到人类那个贪得而无知的弱点，以及近三十年来现代政治，近八年的奴役统治共同培养成功的一切弱点，却又像终无从消失，只不过像是经过一种压缩作用，还保存得上好，稍有机会即必然会慢慢膨胀，恢复旧观。一不小心，这些无形无质有剧性毒的东西，且能于不知不觉间传染给神经不健全身心有缺陷抵抗力又特别脆弱的年轻人。受传染的特征约有数种，其一即头脑简化而统一，永远如在催眠中，生活无目的无理想，年龄长大出洋留学读一万卷书后，还无从救济那个麻木呆钝。另外一种，头脑组织不同一点，又按照我那些老熟人活动方式，变成一个小华威先生①，熟习世故哲学，手提皮包，打磨得上下溜光，身份和灵魂都大同小异，对生命也还是无目的，无信心。……提到这个典型人时，如从一个写小说的因材使用观说来，本应当说这纵不十分可爱，也毫不什么可憎。复杂与简单，我都能欣赏，且将由理解欣赏进而成为朋友。可是若从一个普通人观点想想，一个国家若有一部分机构，一部分人，正在制造这种一切场面上都可能出现的朋友，我们会不会为这个国家感到点儿痛苦和危惧？

国家所遭遇的困难虽有多端，而追求现实、迷信现实、依赖现实

---

① 华威先生是作家张天翼短篇小说《华威先生》的主人公，他是一个自命不凡、刚愎自负的国民党官僚。

所做的政治空气和倾向，却应该负较多责任，当前国家不祥的局势，亦即由此而形成，而延长，而扩大。谁都明知如此下去无以善后，却依然毫无真正转机可望，坐使国力作广泛消耗，做成民族自杀的悲剧。这种悲剧是不是还可望从一种观念重造设计中，做点补救工作？个人以为现实虽是强有力的巨无霸，不仅支配当前，还将形成未来。举凡人类由热忱理性相结合所产生的伟大业绩，一与之接触即可能瘫痪圮坍，成为一个无用堆积物。然而我们却还得承认，凝固现实，分解现实，否定现实，并可以重造现实，唯一希望将依然是那个无量无形的观念！由头脑出发，用人生的光和热所蓄聚综合所做成的种种优美原则，用各种材料加以表现处理，彼此相黏合，相融汇，相传染，慢慢形成一种新的势能、新的秩序的憧憬来代替。知识分子若缺少这点信心，那我们这个国家，才当真可说是完了！

人人都说北平是中国的头脑，因为许多人能思索，且能将知识和理性有效注入于年轻一代健康头脑中。学校次第复员，说明这头脑又将起始负起了检讨思索的责任。看看今年三万学生的投考，宜使人对于这头脑的如何运用，分外关心。

北平天空依然蓝得那么令人感动，阳光明朗空气又如此清新。间或从一个什么机关门外走过，看到那面青天白日满地红的国旗，总像是有点象征意味，不免令一些人内心感到点渺茫烦忧，又给另外一些人于此中怀有些些希冀。这些烦忧和希冀，反应到普通市民情绪中，或者顷刻间即消失无余，注入年轻学生头脑里，很显然即会有作用。北平市目前有将近二万的大学生，情绪郁结比生活困苦还严重，似乎即尚无人想到，必须加以梳理。若缺少有效的安排，或听其漫无所归，或一例归于现实政治做成的人工催眠所形成的病态发展，实非国家民族之福，反而将悲剧延长。"学术自由"一名词，已重新在这个区域叫得很响，可见对于它国人寄托了多少希望。名词虽若相当空泛，原则的兑现，实应为容许与鼓励刚发育完成的头脑，吹入一点清新活泼自由独立的空气。使之对于自己当前和未来，多负点责任。能去掉依赖的自然习惯，受奴役麻醉的强迫习惯，对现实的腐朽气味和畸形状态，敢怀疑，敢否认，并仔细检讨现实，且批评凡用武力支持推销的一切抽象。若这种种在目前还近于一种禁忌，关涉牵连太多如何努力设法除去不必要的禁忌，应当是北平头脑可做的事，也是待发展的文学思想运动必需担当的事。

夜深人静，天宇澄碧，一片灿烂星光所做成的夜景，庄严美丽实无可形容。由常识我们知道每一星光的形成，时空都相去悬远，零落孤单，永不相及。然而这些星光虽各以不同方式而存在，又仍若各自为一不可知之意志力所束缚，所吸引，因而形成其万分复杂的宇宙壮观。人类景象亦未尝不如是。温习过去，观照当前，悬揣未来，乡下人当检察到个人生命中所保有的单纯热忱和朦胧信仰，二十五年使用到这个工作上，所做成的微末光芒时徘徊四顾，所能看到的，亦即似乎只是一片寥廓的虚无。不过面对此虚无时，实并不彷徨丧气，反而引起一种严肃的感印。想起人类热忱和慧思，在文化史上所做成的景象，各个星子煜煜灼灼，华彩耀目，与其生前生命如何从现实脱出，陷于隔绝与孤立，一种类似宗教徒的虔敬皈依之心，转油然而生。

我这个乡下人似乎得开始走第三站路了。昔人说，"德不孤，必有邻"。证以过去，推想未来，这种沉默持久的跋涉，即永远无个终点，也必然永远会有人同时或异代继续走去！再走个十年八年，也许就得放下笔长远休息了。"大块劳我以生，息我以死。"玩味蒙庄之言，使人反而增加从容。二十年来的学习，担当了一个"多产作家"的名分，名分中不免包含着些嘲讽意味，若以之与活动分子的相反成就比，实更见出这个名分的不祥。但试想想，如果中国近二十年多有三五十个老老实实的作家，能忘却普遍成败得失，肯分担这个称呼，即或对于目下这个乱糟糟的社会，既无从去积极参加改造，也无望消极去参加调停，唯对于文学运动理想之一，各自留下点东西，作为后来者参考，或者比当前这个部门的成就，即丰富多了。二十五年前和我这个亲戚的对话，还在我生命中，信仰中。二十五年前我来这个大城中想读点书，结果用文字写成的好书，我读得并不多，所阅览的依旧是那本用人事写成的大书。现在又派到我来教书了。说真话，若书本只限于用文字写成的一种，我的职业实近于对尊严学术的嘲讽。因国家人才即再缺少，也不宜于让一个不学之人，用文字以外写成的书来胡说八道。然而到这里来我倒并不为亵渎学术而难受。因为第一次送我到学校去的，就是北大主持者胡适之先生。民国十八年左右，他在中国公学作校长时，就给了我这种难得的机会。这个大胆的尝试，也可说是适之先生尝试的第二集，因为不特影响到我此后的工作，更重要的还是影响我对工作的态度，以及这个态度推广到国内相熟或陌生师友同道方面去时，慢慢所引起的作用。这个作用便是"自由主义"在文学运动中的健康发展，及其成就。这一点如还必需扩大，值得扩大，让我来北大做个小事，必有其意义，个人得失实不足道，更新的尝试，还会从这个方式上有个好的未来。

唯在回到这里来一个月后，于陌生熟识朋友学生的拜访招邀上，以及那个充满善意、略有幽默的种种访问记的刊载中，却感到一种深深的恐惧。北平号称中国的头脑，然而这头脑之可贵，实应当包含各部门专家丰富深刻知识的堆积。以一个大学言来，值得我们尊敬的，有习地质的，学生物的，治经济政治的，弄教育法律的，即文史部门也还有各种学识都极重要。至于习文学，不过是学校中一个小小部门，太重视与忽视都不大合理。与文学有关的作家，近二十年来虽具有教育兼娱乐多数读者的义务，也即已经享受了一些抽象的权利，即多数的敬爱与信托。若比之于学人，又仿佛显得特别重要。这实在是社会一种错觉。这种错觉乃由于对当前政治的绝望，并非对学术的真正认识关心。因为在目前局势中，在政治高于一切的情况中，凡用武力推销主义寄食于上层统治的人物，都说是为人民，事实上在朝在野却都毫无对人民的爱和同情。在企图化干戈为玉帛调停声中，凡为此而奔走的各党各派，也都说是代表群众，仔细分析，却除了知道他们目前在奔走，将来可能作部长、国府委员，有几个人在近三十年，真正为群众做了些什么事。当在人民印象中。又曾经用他的工作，在社会上有以自见？在习惯上，在事实上，真正丰富了人民的情感，提高了人民的觉醒，就还是国内几个有思想，有热情，有成就的作家。在对现实濒于绝望情形中，作家因之也就特别取得群众真实的敬爱与信托。然而一个作家若对于国家存在与发展有个认识，却必然会觉得工作即有影响，个人实不值得受群众特别重视。且需要努力使多数希望，转移到那个多数在课堂，在实验室，在工作场，在一切方面，仿佛沉默无闻，从各种挫折困难中用一个素朴态度守住自己，努力探寻学习的专家学人，为国家民族求生存求发展所做的工作之巨大而永久。一个作家之所以可贵，也即是和这些人取同一沉默谦逊态度，从事工作，而又能将这个忠于求知敬重知识的观念特别阐扬。这是我在学校里从书本以外所学得的东西，也是待发展的一种文学理论。

我希望用这个结论，和一切为信仰为理想而执笔的朋友互学互勉。从这结论上，也就可以看出一个乡下人如何从现实学习，而终于仿佛与现实脱节，更深一层的意义和原因！

芷江县的熊公馆

有子今人杰

宜年世女宗

芷江县的熊公馆①，三十年前街名作青云街，门牌二号，是座三
进三院的旧式一颗印老房子。进大门二门后，到了第一个院落，天井
并不怎么大，石板整整齐齐。门廊上有一顶绿呢官轿，大约是为熊老
太太预备的，老太太一去北京，这轿子似乎就毫无用处，只间或亲友
办婚丧大事时，偶尔借去接送内眷用了。第二进除过厅外前后四间
正房，有三间空着，原是在日本学兽医秉三先生的四弟住房。四老爷
口中虽期期艾艾，心胸却俊迈不群。生平欢喜骑怒马，喝烈酒，用钱
如水而尚气任侠，不幸壮年早逝。四太太是凤凰军人世家田军门②独
生女儿，湘西镇守使田应诏妹妹，性情也潇洒利落，兼有父兄夫三者

---

① 熊公馆是熊希龄之公馆。熊希龄，湖南凤凰人，字秉三，光绪进士。1897年任
湖南时务学堂提调。次年因参加维新运动被革职。辛亥后任财务总长和热河都统。1913
年任国务总理兼财政总长。1932年任世界红卍字会中华总会会长。抗战爆发后，避居香港，
同年病逝。此为为纪念熊希龄逝世十周年而作。

② 田军门，即指田兴恕，湖南凤凰人。湘军将领。咸丰十年，任贵州提督、钦差大臣。

风味。既不必侍奉姑嫜，就回凤凰县办女学校作四姑太去了。所以住处就空着。走进那个房间时，还可看到一个新式马鞍和一双长统马靴。四老爷模拟拿破仑骑马姿势的大相，和四太太作约瑟芬装扮的大相，也一同还挂在墙壁上。第二个天井宽一点，有四五盆兰花和梅花搁在绿髹漆架子上。两侧长廊檐槛下，挂有无数腊鱼风鸡咸肉。当地规矩，佃户每年照例都要按收成送给地主一点田中附产物，此外野鸡、鹌鹑、时新瓜果，也会按时令送到，有三五百租的地主人家，吃来吃去可吃大半年的。老太太心慈，照老辈礼尚往来方式，凡遇佃户来时，必回送一点糖食，一些旧衣旧料，以及一点应用药茶，总不亏人。老太太离开家乡上北京后，七太太管家，还是凡事照例。所以这种礼物已转成一种担负，还常得写信到北京来买药。第三进房子算正屋，敬神祭祖亲友庆吊礼节全在这里。除堂屋外有大房五间，偏房四间，归秉三先生幼弟七老爷住。七老爷为人忠恕淳厚，乐天知命，为侍奉老太太不肯离开身边，竟辞去了第一届国会议员。可是熊老太太和几个孙儿女亲戚，随后都接过北京去了，七老爷就和体弱吃素的七太太，及两个小儿女，在家中纳福。在当地绅士中作领袖，专为同乡大小地主抵抗过路军队的额外摊派。（这个地方原来从民三以后，就成为内战部队移动往来必经之路，直到抗战时期才变一变地位，人民是在摊派捐款中活下来的。）遇年成饥荒时，即用老太太名分，捐出大量谷米拯饥。加之勤俭治生，自奉极薄，待下复忠厚宽和，所以人缘甚好。凡事用老太太名分，守老太太作风，尤为地方称道。第三院在后边，空地相当大，是土地，有几间堆柴炭用房屋，还有一个中等仓库。仓库分成两部分：一储粮食，一贮杂物；杂物部分顶有趣味，其中关于外来礼物，似乎应有尽有，记得有一次参加清理时，曾发现过金华的火腿，广东的鸭肝香肠，美国牛奶，山西汾酒，日本小泥人，云南冬虫草……一共约百十种均不相同。还有毛毛胡胡的熊掌，干不牢焦的什么玩意儿。芷江县地主都欢喜酬酢，地当由湘入黔滇川西南孔道，且是掉换船只轿马一大站，来往官亲必多，上下行过路人带土仪上熊府送礼事自然也就格外多。七太太管家事，守老太太家风，本为老太太许愿吃长素，本地出产笋子菌子已够一生吃用，要这些有什么用？因此礼物推来送去勉强收下后，多原封不动，搁在那里，另外一时却用来回馈客人，因此坏掉的自然也不少。后院中有一株柚子树，结实如安江品种，不知为什么总有点煤油味，一见我们吃它时，七太太就皱眉，扮着难于下咽神情，还说过去七老爷弟兄吃它时，老太太可不怕酸。

正屋大厅中，除了挂幅沈南𬞟①画的仙猿蟠桃大幅，和四条墨竹，一堵壁上还高挂了一排二十支鸟羽铜镞的长箭，箭中有一支还带着个多孔骨垛的髇箭头。这东西虽高悬壁上不动，却让人想起划空而过时那种呼啸声。很显然，这是熊老太爷作游击参将多年，熊府上遗留下来的唯一象征了。

这是老屋大略情形，秉三先生的童年，就是在这么一个家中，三进院落和大小十余个房间范围里消磨的。

老房子左侧还有所三进两院新房子，不另立门户，门院相通。新屋房间已减少，且把前后二院并成一个大院，所以显得格外敞朗。平整整方石板大空地，养了约三十盆素心兰和鱼子兰，二十来盆茉莉。两个固定花台还栽有些山茶同月季。有一口大金鱼缸，缸中搁了座二尺来高透瘦石山，上面长了株小小黄杨树，一点秋海棠，一点虎耳草。七老爷有时在鱼缸边站站，一定也可得到点林泉之乐。（若真的要下乡去享享受受田野林泉，就恐得用三十名保安队护围方能成行。照当时市价，若绑到七老爷的票，大约总得五十支枪才可望赎票的。）正面是大花厅，请客时可摆六桌酒席。壁上挂有明朝人画的四幅墨龙，

---

① 沈南𬞟，即沈铨，清朝画家。

龙睛凸出，从云中露爪作攫拿状，墨气淋漓，像带着风雨湿人衣襟神气。另一边又挂有赵秉钧①书写的大八尺屏条六幅，写唐人诗，作黄涪翁②体，相当挺拔潇洒。院子另一端，临街是一列半西式楼房，上下两层，各三大间。上层分隔开用作书房和卧室，还留下几大箱杂书。下面是客厅，三间打通合而为一，有硬木炕榻，嵌大理石太师椅，半新式醉翁躺椅。空中既挂着蚀花玻璃的旧式宫灯，又悬着一个斗篷罩大煤油灯。一切如中等旧式人家，加上一点维新事物，所以既不摩登刺目，也不式微萧索。炕后长条案上，还有一架二尺阔瓷器插屏，上面作寿比南山戏文。一对三尺高彩瓷花瓶，瓶中插了几支孔雀长尾，翎眼仿佛睁得圆圆的，看着这室中一片寂寞一片灰，并预测着将来变化。对着迎面那八扇带彩色的玻璃门，担心到另一时会有人偷去。还有一个衣帽架，是京式样子，在北京熊府大客厅中时，或许曾有过督军巡阅使之类要人的紫貂海龙裘帽搁在上面过。但一搬到这小地方来，显然就和人才一样，无事可做并装点性也不多了。照当地风气，十冬腊月老绅士多戴大风帽，罩着全个肩部，并不随时脱下。普通壮年中年地主绅士，多戴青缎乌绒瓜皮小帽，到人家做客时，除非九九消寒遣有涯之生，要用它来拈阄射覆赌小酒食，也并不随便脱下的。

这个客厅中也挂了些字画，大多是秉三先生为老太太在北京办寿时收下的颂祝礼物。有章太炎③和谭组庵④的寿诗，还有其他几个时下名人的绘画。当时做寿大有全国性意味，象征各方面对于这个人

①　赵秉钧1905年任清政府右侍郎。1912年任袁世凯政府内务总长，并继唐绍仪任国务总理。

②　黄涪翁，即黄庭坚，北宋诗人、书画家。

③　章太炎，即章炳麟，中国近代民主革命家、思想家。

④　谭组庵，即谭延闿，光绪进士。辛亥革命时，篡夺湖南都督职位，后任湖南督军兼省长，南京国民政府主席、行政院长等职。

伦领袖的期许和钦崇，礼物一定极隆重，但带回家来得多时贤手笔，可知必经过秉三先生的选择，示乡梓以富不如示乡梓以德。给我印象极深刻的，是一幅署名黎元洪①的五言寿联。这当时大总统的手笔，字大如斗，气派豪放，措词也极得体，联语仅十个字：

> 有子今人杰
> 宜年世女宗

将近三十年了，中国或世界都有了几次大变，无数伟人功名德业也都随时间成尘成土，这十个字在我印象中还很鲜明。当时最觉得惬意的，还是上联"今人杰"三个字，似乎比我正读过的《水浒传》小说全部英雄豪杰还伟大动人。因为这个称呼我相信不会是像普通意思，用杀人方法做成，却必然由于另外一种努力，见出人格的朴素和单纯，悲悯与博大，远见和深思，方足当这个称呼而无愧的。这种人杰是国家进步永远不可少，然而并世异代却并不多的。但本地人看来，却恐并无多大兴味。

这院中两进新屋，大约是秉三先生回乡省亲扫墓时前一年方建造。本人一离开，老太太和儿孙三四人都过了北方，府中房多人口少，那房子就闲下来了。客厅平时就常常关锁着，只一年终始或其他过节做寿，七老爷要请酒时，才收拾出来待客。这院子平日也异常清静，金鱼缸边随时可发现不知名小雀鸟低头饮水。夏天素心兰茉莉盛开，全院子香气清馥，沁人心脾，花虽盛开却无人赏鉴，只间或有小丫头来剪一二枝，作观音像前供瓶中物。或自己悄悄摘一把鱼子兰和茉莉，放入胸前围裙小口袋中。这种花照例一沾人身上热气就特别香，小丫

---

① 黎元洪，北洋政府总统。

头到七太太身边时，七太太把鼻子皱皱，只笑笑："翠柳，你不要把自己尽摘，多摘点送给胡四姑太和龙家唐家去！"小丫头于是也笑笑，因为一到下半天，就可带了半篮子鲜花各处去玩玩了。胡家龙家唐家，都是芷江县地主绅士大户。

这所现代相府，我曾经勾留过一年半左右。还在那个院子中享受了一个夏天的清寂和芳馥。并且从楼上那两个大书箱中，发现了一大套林译小说①，迭更司的《贼史》《冰雪因缘》《滑稽外史》《块肉余生述》②等，就都是在那个寂静大院中花架边台阶上看完的。这些小说对我仿佛是良师而兼益友，给了我充分教育也给了我许多鼓励，因为故事上半部所叙人事一切艰难挣扎，和我自己生活情况就极相似，至于下半部是否如书中顺利发展，就全看我自己如何了。书箱中还有十来本白棉纸印谱，且引诱了我认识了许多汉印古玺的款识。后来才听黄大舅说，这些印谱都还是作游击参将熊老前辈的遗物，至于这是他自己治印的成就，还是他的收藏，已不能够知道了。老前辈还会画，在那时称当行。这让我想起书房中那幅洗马图，大约也是熊老太爷画的。秉三先生年过五十后，也偶然画点墨梅水仙，风味极好。上海余庆路二号家中客厅里正中悬挂的那个罗汉屏墨梅，落英繁蕊，清逸中有富贵气象，看过的都十分称赏，或者和庭训多少有点关系。

那房子离沅州府文庙只一条小甬道，两堵高墙。事很凑巧，凤凰县的熊府老宅，离文庙也不多远，旧式作传记的或将引孟母三迁故事，以为必系老太太觉得居邻学宫，可使儿子习儒礼，因而也就影响到后来一生功名事业。但就我所知道的秉三先生一生行事说来，人格中实

---

① 林译小说，即林纾以文言所译西方小说。

②《块肉余生述》现通译为《大卫·科波菲尔》。

蕴蓄了儒墨各三分，加上四分民主维新思想，综合而成。可以说是新时代一个伟大政治家，其一生政治活动，实做成了晚清渡过民初政治经济的桥梁，然并非纯儒。在政治上老太太影响似不如当时朱夫人来得大。所以朱夫人过世后，行为性情转变得也特别大。老太太身经甘苦，家常素朴，和易亲人，恰恰如中国其他地方老辈典型贤母一样，寓伟大于平凡中。八十大寿时，虽在北平府宅中，高居安处，儿孙环侍，大总统以次伟人悍帅，云集一室，骈立献寿，极一时人间豪华富贵。事实上以老太太自择，恐仍不如乡居之时，与二三戚里家人，于家里那所空院中晒黄酱，制腌菜，做菌油豆腐乳，谈家常旧话，易得有生真乐。秉三先生五十以后的生活，自奉俭薄到不必要程度。牺牲一切于平民教育，甚至尽捐家产于慈幼院，每月反向董事会领取二三百元薪水，若用世俗眼光看去，自然便不免觉得突兀奇异，有不易索解处。若检讨及环境背景，会发现原来老太太八十年都如此过日子，庭训所及，到时反朴近真，亦极自然合理也。

　　熊公馆右隔壁有个中级学校，名"务实学堂"①。似从清末长沙那个时务书院取来。梁任公先生二十余岁入湘至时务书院主讲新学，与当时新党人物谭嗣同②、唐才常③诸人主变法重新知活动，实一动人听闻有历史性故事。蔡松坡、范静生时称二优秀学生，到后来一主军事，推翻帝制，功在民国为不朽；一长教育，于国内大学制度、留学政策、科学研究，对全国学术思想发展贡献更极远大。任公先生之入湘，秉三先生实始赞其成，随后出事，亦因分谤而受看官处分。这个学校虽为纪念熊老太太设立，实尚隐寓旧事，校舍是两层楼房若干所，照民

---

① 务实学堂应为时务学堂，清末维新派在长沙创办的学校。
② 谭嗣同，中国近代维新派政治家、思想家。
③ 唐才常，清末维新派。

初元时代新学堂共通式样，约可容留到二百五十人寄宿。但当我到那里时，学校早已停顿，只养蚕部分因有桑园十余亩，还用了一个技师、六个学生、几十个工人照料，进行采桑育蚕。学校烘茧设备完全，用的蚕种还是日本改良种，结茧作粉红色，缫丝时共有十二部机车可用。诸事统由熊府一亲戚胡四老爷管理。学校还有一房子化学药品，一房子标本仪器，一房子图书，一房子织布木机，都搁在那里无从使用。（正如象征着创办者的政治经济思想，失去了合宜环境，便只合搁置下去。）秉三先生家中所有旧书也捐给了学院。学校停办或和经费有关，一切产业都由熊府捐赠，当初办时，或尚以为可由学校职业科生产物资，自给自足，后来始发现势不可能。这学校抗战后改成为香山慈幼院芷江分院女子初级中学，由慈幼院主持。前后相去已二十八年，学校中的树木，大致都已高过屋檐头，长大到快要合抱了。我还记住右侧第二列楼房前面草地上，有几株花木枝桠间还悬有小小木牌，写明是秉三先生某某年手植。如至今犹幸而存在，召伯甘棠，毋翦毋伐，如何来好好护持，就全看后来用心了。

我从这个学校的图书室中，曾翻阅过《史记》《汉书》，和一些其他杂书。记得还有一套印刷得极讲究的《大陆月报》，用白道林纸印，封面印了个灰色云龙，里面有某先生译的《天方夜谭》连载。渔人入洞钓鱼见鱼化成王子坐在那里垂泪故事，把鱼钓回鱼在锅中说故事的故事，至今犹清清楚楚。但是事实上说来，我这个小文，所涉及的地方人事，风俗习惯，从较年轻一辈看来，也快要成为天方夜谭了。

我到芷江县，正是五四运动发生的民国八年，在团防局做个小小办事员，主要职务是征收四城屠宰捐。太史公《史记》叙游侠刺客，职业多隐于屠酤之间，且说这些人照例慷慨而负气，轻生而行义，拯人于患难之际而不求报施，比士大夫犹高一筹。我当时的职业，倒容易去和那些专诸①、要离②后人厮混。如欢喜喝一杯，差不多每一张屠桌边都可蹲下去，受他们欢迎。不过若想从这些屠户中发现一个专诸或要离，可不会成功！想不到的是有一次，我正在那些脸上生有连鬓胡子，手持明晃晃尖刀，做庖丁解牛工作的壮士身边看街景时，忽然看到几个在假期中回家，新剪过发辫的桃源女师学生，正从街头并肩走过。这都是芷江县大小地主的女儿。这些地主女儿的行为，从小市民看来其不切现实派头，自然易成笑料；记得面前那位专诸后人，一看到她们，联想起许多对于女学生传说，竟放下屠刀哈哈大笑，我也就参加了一份。不意十年后，这些书读不多热情充沛的女孩子，却大都很单纯的接受了一个信念，很勇敢的投身入革命的漩涡中，领受了各自命运中混有血泪的苦乐。我却用熊府那几十本林译小说作桥梁，走入一个崭新的世界，伟大烈士的功名，乡村儿女的恩怨，都将从我笔下重现，得到更新的生命。这也就是历史，是人生。使人温习到这种似断实续的历史，似可把握实不易把握的人生时，真不免感慨系之！

北平石驸马大街熊府，和香山慈幼院几个院落中，各处都有秉三先生手种的树木，二十五年来或经移植，或留原地，一定有许多已长得高大坚实，足当急风猛雨，可以荫蔽数亩。又或不免遭受意外摧残，凋落萎悴，难以自存。诵召伯甘棠之诗，怀恭敬桑梓之义，必有人和我同样感觉，还有些事未作，还有责任待尽。

---

① 专诸，春秋时吴国人。吴王僚十二年，吴公子光设宴请僚，专诸藏匕首在鱼腹中尽显，刺杀僚，自己也当场被杀。

② 要离，春秋时期吴国人，生活在吴王阖闾时期。其父为职业刺客，要离为屠夫，后由于成功刺杀庆忌，为春秋时期著名刺客。

北京是个大型建筑博物馆

北京在世界上以古建筑著名。紫禁城里的宫殿，分布城郊的庙坛园林，每个单位都包括有一系列的建筑物，各有艺术上的不同风格，综合看来，又如同整体的一部分；是用故宫皇城大建筑群做中心，在五百年前北京建都总计划中就定下来，经过累代创修陆续完成的。设计规模的雄伟、谐调、明朗，以及每一建筑物装饰的华美精细，都给人留下不易忘记的深刻印象。

这些建筑物近年来一部分已改作各种博物馆，或一般性文化展览馆。论规模宏大，经常性展出和专题展出种类多，从伟大祖国文化艺术遗产方面给观众以爱国主义教育的，应数故宫博物院。以科学发掘出土文物为主，结合历史人物事件、生产发展、科学文化艺术的发明和创造，而做通俗陈列的，应数北京历史博物馆。其实说来，北京城本身，也就是一个大型建筑历史博物馆。

这个历史名城，战国时就已经是燕国都会之一，华北平原一个政治文化的中心（近年来，围绕着这个地区的外缘唐山和热河，不断都有大量古文物的发现，已证明这地区还可能有更多重要遗物出土）。隋唐时代依旧是北方重镇，设立范阳节度使，屯集重兵，当时主要是防御奚、契丹的内侵。安禄山镇范阳后，却用作根据地，利用诸胡族，举兵内犯，动摇了长安唐政权。即由金人正式建都燕京算起，也有了八百多年。世界著名横跨无定河的东方长石桥——卢沟桥，就是这个时期石工修造的。

元代在这里作"大都"，百年统治中，城郊庙坛园林还不断有补充。白云观、护国寺、东岳庙、白塔寺，都是这一时期建造的。当时尼泊尔的大艺术家安尼哥，和中国大艺术家刘元，师徒二人曾经参加过这些庙宇园林的建筑设计和雕塑工程。长城口居庸关的过街楼，也是这个时期建成的。金代城池的建造，多取法北宋汴梁，间接还保留洛阳和长安汉唐帝都的规模。《金史·张汝霖传》中曾提起过，当时装饰一个宫殿，就使用过汉族和回鹘锦绮丝绣工人一千二，经时两年才告完成。今北海琼岛的建筑，虽从辽代创始，至于琼岛上的太湖石假山，却是金人攻下开封后，把"寿山艮岳"撤毁，搬运石头来京堆砌成功的。元代在这座小山上建"广寒殿"避暑，房屋花木布置得和想象中的月宫仙境一样。当时还用人工激水上升到山顶，水从一个龙头口里喷出，变成小瀑布缓缓流入浴池中。明太祖因为这座宫殿过于奢侈，派萧洵来督工，把它撤毁。萧洵才把原来琼岛建筑情况，一一记载下来让后人知道。琼岛上石头透剔清奇部分，明代搬移过中南海，就成了现在的"瀛台"。元代虽已利用海运转输南方粮食，南北运河还贯通，运河粮船能直达北城后海一带，当时在琼岛上远望，还可依约见到千百艘大粮船，舳舻衔接、桅樯如林的动人情景。

金元旧都略偏西南北，经过长久的岁月，加上几次历史上的改朝换代大事变，目下只剩下些城垣遗迹和庙宇中碑石树木。明代永乐重新定都北京，前后修筑的内外皇城，和用紫禁城里三大殿做主体的故宫建筑群，虽历年五百，因明清两代不断兴修，大致都还保存得完完整整。此外围绕宫城的几个主要建筑群，例如南城的天坛和先农坛，西城的白塔寺和城外白云观与五塔寺，北城的钟楼和鼓楼，东北城角的国子监、孔庙和雍和宫，城外的东岳庙，以及临近宫城的中南海、北海、团城、太庙和社稷坛、景山和大高殿，郊外西山一带的碧云寺、八大处、卧佛寺、玉泉山、大觉寺……都是近五百年古建筑艺术的结晶。这些古建筑或因年久失修，或前后曾遭受人力破坏摧残，解放后经过逐年修复，又回复了它固有的光彩。

外来游人到北京后，最先引起注意的是天安门。在一座高达三丈的棕红色台基上，高高矗起那么一座九楹重檐金碧辉煌的大门楼，两翼红墙向东西延展开去，给人印象是雄伟、华贵，而又十分沉静稳定。无论任何时候看来都很壮观。其实如就故宫建筑全部说来，天安门还只是宫城建筑体系前缘一部分。再前还有正阳门，后边又还有端门。由端门进去是午门，这才是紫禁城真正的大门。天安门建筑以华美壮丽见称，午门却给人一种端重严肃的感觉。一个熟习近五世纪中国史的游人，来到这座门楼下边时，这种严肃感会格外加深。

午门在历史上具有"凯旋门"意味。明清两代国有大事，出兵远征时，将帅受命成行，多在午门前举行出兵仪式。战争结束胜利归来时，帝王就坐在午门楼上阅兵，慰劳将士，检视俘虏和胜利品。明代晚期政治特别黑暗，宦官权臣为媚悦帝王，巩固宠信，利用锦衣卫做爪牙，不时突入人家，逮捕异己敢言事的正直大臣，用严刑酷罚罗织成狱，对名士大臣施行"廷杖"时，也就在午门楼下广场中执行。许多人就在这种专制淫威下当场死去。

午门楼下东西两廊，共有八十四间厢房连接端门，过去是百官候朝的地方。天明前即冠带袍服云集，到时候午门两侧角楼钟鼓齐鸣，才鱼贯进入午门、太和门，于太和殿前白石丹陛下等待召见。午门兴建于十五世纪，重修装金布彩于十七世纪末，距现今也有了二百七八十年。午门却使人认识历史过去。让我们明白，世界上任何一个地区都有过帝王，一时节具有无上的权威，不多久这权威总会消

225

失无余。专制帝王在某种历史情形下，也能或多或少做了些对国家人民有益的事情。但凡是想利用残暴统治，鱼肉人民，满足一己私欲的，被人民推倒就更加快一些。至于人民由于劳动和智慧结合，在生产、科学和文学艺术领域中的发明和创造，对国家有益的贡献，却必然长远存在后人记忆中，而且会成为后人追求社会进步、建设共同美好生活的启发和鼓舞力量。午门可视作明清两代的历史博物馆，午门本身的历史和系统通俗历史陈列，教观众更加清楚了解历史发展的规律。

试站到午门楼上高处四望，故宫以三大殿作为中心的建筑群，及内外东西六宫建筑群，文华武英二殿建筑群，都如近在眼前。一重重明黄色琉璃瓦大屋顶，和秀挺不群矗立在城垣东西那两座转角楼，共同在明朗秋阳下灼灼闪光，后背衬托着的是一大片蓝空。围绕着宫城百万户人家，半笼在郁郁青青的一片树木绿海中。这一切，真是够庄严、深厚、沉静和一种不易形容的美丽！特别是我们如体会到这个历史上的大都名城，这一片绿海下边正在进行的万千种不同工作和活动，对于明天北京四百万市民和全国六亿人民的幸福生活，以及对于世界未来长久和平所起的良好作用时，会觉得蓝空下的北京一切，诗人即或想用文字来叙述赞美，不免会感觉到难于措词。即色彩丰富的绘画，也只能画出部分的印象。或许只有某种伟大音乐，综合百十种不同器乐中所具有的豪放和精细、壮美和温柔的声音，融化组织不同时空下形成的种种旋律和节奏，写成一个大乐章，才有希望能作出适当的反映。

在这片绿海中，这里那里，远近都可发现有崭新建筑物在高高矗起。十年二十年后的北京城，这百万户旧宅无疑会完全变更旧有的面貌，产生一种崭新的景象。那时节不论是学校、医院、工厂或戏院附近，以及大街上人行道边，大致都可按照一定计划，收拾得和目前公园一样，到处是花坛栽满各种美丽好花，到处有平整草地，可以供人休息散步。新建筑的专门博物馆和文化馆，也将成千累百，分布城郊各处，设备完美而又清洁舒适，教育观众以种种新知识。但是北京这些古建筑，却决不会就失去它固有的光辉，只会更加使人觉得可爱，因之也保护得更加周到。因为人人都知道，这些建筑不仅仅是祖国重要文化艺术的遗产，同时也是世界重要文化艺术遗产一部分，加倍珍重爱护它们，既能够增加人民对于历史过去伟大成就的认识，也可启发人民种种新的创造热情，对于保卫世界持久和平，做出更大的贡献！

张八寨二十分钟

汽车停到张八寨，约有二十分钟耽搁，来去车辆才渡河完毕。溪水流到这里后，被四围群山约束成个小潭，一眼估去大小约半里样子。正当深冬水落时，边沿许多部分都露出一堆堆石头，被阳光雨露漂得白白的，中心满潭绿水，清莹澄澈，反映着一碧群峰倒影，还是异常美丽。特别是山上的松杉竹木，挺秀争绿，在冬日淡淡阳光下，更加形成一种不易形容的清寂。汽车得从一个青石砌成的新渡口用一只方舟渡过，码头如一个畚箕形，显然是后来人设计，因此和自然环境还不十分谐和。潭上游一点，还有个老渡口，尚有只老式小渡船，由一个掌渡船的拉动横贯潭中水面竹缆索，从容来回渡人。这种摆渡画面，保留在我记忆中不下百十种。如照风景习惯，必然做成"野渡无人舟自横"的姿势，搁在靠西一边白石滩头，才像是符合自然本色。因为不知多少年来，经常都是那么搁下，无事可为，镇日长闲，和万重群山一道在冬日阳光下沉睡！但是这个沉睡时代已经过去了。大渡口终日不断有满载各种物资吼着叫着的各式货车，开上方舟过渡。此外还有载客的通车，车上坐着新闻记者，电影摄影师，音乐、歌舞、文物调查工作者，画师，医生……以及近乎挑牙虫卖膏药的，陆续来去。近来因开放农村副业物资交流，附近二十里乡村赴乡场和到州上做小买卖的人，也日益增多。小渡船就终日在潭中来回，盘载人货，没有个休息时。这个觉醒是全面的。八十二岁的探矿工程师丘老先生，带上一群年轻小伙子，还正在湘西各县爬山越岭，预备用槌子把矿藏的山头——敲醒。许多在地下沉睡千万年的煤、铁、磷、汞，也已经有了一部分被唤醒转来！

小船渡口东边，是一道长长的青苍崖壁，西边有个裸露着大片石头的平滩，平滩尽头到处点缀一簇簇枯树。其时几个赶乡场的男女农民，肩上背上挑负着箩箩筐筐，正沿着悬崖下脚近水小路走向渡头。渡船上有个梳双辫女孩子，攀动缆索，接送另外一批人由西往东。渡头边水草间，有大群白鸭子在水中自得其乐的游泳。悬崖罅缝间绿茸茸的，崖顶上有一列过百年的大树，大致还是照本地旧风俗当成"风水树"保留下来的。这些树木阅历多，经验足，对于本地近十年新发生任何事情似乎全不吃惊，只静静的看着面前一切。初初来到这个溪边的我，环境给我的印象和引起的联想，不免感到十分惊奇！一切陌生一切又那么熟习。这实在和许多年前笔下涉及的一个地方太相像了，因之对它仿佛相熟的可能还不只我一个人。正犹如千年前唐代的诗人、宋代的画家，彼此虽生不同时，都由于一时偶然曾经置身到这么一个相似自然环境中，而产生了些动人的诗歌或画幅；一首诗或者不过二十八个字，一幅画大小不过一方尺，留给后人的印象，却永远是清新壮丽，增加人对于祖国大好河山的感情。至于我呢，手中的笔业已荒疏了多年，忽然又来到这么一个地方，记忆习惯中的文字不免过于陈旧，触目景物人事却十分新。在这种情形下，只有承认手中这支拙劣笔，实在无可为力。

我为了温习温习四十年前生活经验，和二十四五年前笔下的经验，因此趁汽车待渡时，就沿了那一列青苍苍崖壁脚下走去，随同那几个乡下人一道上了小渡船。上船以后，不免有些慌张，心和渡船一样只是晃。临近身边那个船上人，像为安慰我而说话：

"慢慢的，慢慢的，站稳当点。你慌哪样！"

几个乡下人也同声说："不要忙，不要忙，稳到点！"一齐对我善意望着。显然的事，我在船中未免有点狼狈可笑，已经不像个"家边人"样子。

大渡口路旁空处和园坎上，都堆得有许多竹木，等待外运。老南竹多锯削成扁担大小长片，三五百缚成一捆，我才明白在北行火车上，经常看到满载的竹材，原来就是从这种山窝窝里运出去，往东北西北支援祖国工矿建设的。木材也多经过加工处理，纵横架成一座座方塔，百十根做一堆，显明是为修建湘川铁路准备的。令我显得慌张的，并不尽是渡船的摇动，却是那个站在船头、嘱咐我不必慌张、自己却从从容容在那里当家做事的弄船女孩子。我们似乎相熟又十分陌生。世界上就真有这种巧事，原来她比我二十四年前写到的一个小说中人翠翠，虽晚生十来岁，目前所处环境却仿佛相同，同样在这么青山绿水中摆渡，青春生命在慢慢长成。不同处是社会变化大，见世面多，虽然对人无机心，而对自己生存却充满信心。一种"从劳动中得到快乐增加幸福"成功的信心。这也正是一种新型的乡村女孩子共同的特征。目前一位有一点与众不同，只是所在背景环境。

她大约有十四五岁的样子，除了胸前那个绣有"丹凤朝阳"的挑花围裙，其余装束神气都和一般青年作家笔下描写到的相差不多。有张长年在阳光下曝晒、在寒风中冻得黑中泛红的健康圆脸。双辫子大而短，是用绿胶线缚住的，还有双真诚无邪神光清莹的眼睛。两只手大大的，粗粗的，在寒风中也冻得通红。身上穿一件花布棉袄子，似乎前不多久才从百货公司买来，稍微大了一点。这正是一种共通常见的形象，内心也必然和外表完全统一。真诚、单纯、素朴，对本人明天和社会未来都充满了快乐的期待及成功信心，而对于在她面前一切变化发展的新事物，更充满亲切好奇热情。文化程度可能只读到普通小学三年级，认得的字还不够看完报纸上的新闻纪事，或许已经作了寨里读报组小组长。新的社会正在起着深刻变化，她也就在新的生活教育中逐渐发育成长。目前最大的野心，是另一时州上评青年劳模，有机会进省里，再到京里，看看天安门和毛主席。平时一面劳作一面想起这种未来，也会产生一种永远向前的兴奋和力量。生命形式即或如此单纯，可是却永远闪耀着诗歌艺术的光辉，同时也是诗歌艺术的源泉。两手攀援缆索操作的样子，一看就知道是个内行，巴渡船应当是她一家累代的职业。我想起合作化，问她一月收入时，她却笑了笑，告给我：

"这是我伯伯的船，不是我的。伯伯上州里去开会。我今天放假，赶场来往人多，帮他忙替半天工。"

"一天可拿多少工资分？"

"这也算钱吗？你这个人——"她于是抿嘴笑笑，扭过了头，面对汤汤流水和水中白鸭，不再答理我。像是还有话待我自己去体会，意思是："你们城里人会做生意，一开口就是钱。什么都卖钱。一心只想赚钱，别的可通通不知道！"她或许把我当成食品公司的干部了。我不免有一点儿惭愧起自心中深处。因为我还以为农村合作化后，"人情"业已去尽，一切劳力交换都必需变成工资分计算。到乡下来，才明白还有许多事事物物，人和人相互帮助关系，既无从用工资分计算，也不必如此计算；社会样样都变了，依旧有些好的风俗人情变不了。我很满意这次过渡的遇合，提起一句俗谚"同船过渡五百年所修"，聊以解嘲。同船几个人同时不由笑将起来，因为大家都明白这句话意思是"缘法凑巧"。船开动后，我于是换过口气请教，问她在乡下做什么事情还是在学校读书。

她指着从树后一所瓦屋说："我家住在那边！"

"为什么不上学？"

"为什么？区里小学毕了业，这边办高级社，事情要人做，没有人。我就做。你看那些竹块块和木头，都是我们社里的！我们正在和那边村子比赛，看谁本领强，先做到功行圆满。一共是二百捆竹子，百五十根枕木，赶年下办齐报到州里去。村里还派我办学校，教小娃娃，先办一年级。娃娃欢喜闹，闹翻了天我也不怕。"

我随她手指点望去，第二次注意到堆积两岸竹木材料时，才发现靠村子码头边，正有六七个小顽童在竹捆边游戏，有两个已上了树，都长得团头胖脸。其中四个还穿着新棉袄子。我故意装作不明白问题："你们把这些柱头砍得不长不短，好竹子也锯成片片，有什么用处？送到州里去当柴烧，大材小用，多不合算！"

她重重盯了我一眼，似乎把我底子全估计出来了，不是商业干部是文化干部，前一种太懂生意经，后一种太不懂。"嗨，你这个人！竹子木头有什么用？毛主席说，要办社会主义，大家出把力气，事情就好办。我们湘西公路筑好了，木头、竹子、桐油、朱砂，一年不断往外运。送到好多地方去办工厂、开矿，什么都有用……"末了只把头偏着点点，意思像是"可明白"？

我不由己的对着她翘起了大拇指，译成本地语言就是"大脚色"。又问她今年十几岁，十四还是十五。不肯回答，却抿起嘴微笑。好像说"你猜吧"。我再引用"同船过渡"那句老话表示好意，说得同船乡下人都笑了。一个中年妇人解去了拘束后，便插口说："我家五毛子今年进十四岁，小学二年级，也砍了三捆竹子，要送给毛主席，办社会主义。两只手都冻破了皮，还不肯罢手歇气。"巴渡船的一位听着，笑笑的，爱娇的，把自己两只在寒风中劳作冻得通红的手掌，反复交替摊着："怕什么？比赛啰。人家苏联多远运了大机器来，在等着材料砌房子。事情不巴忙做，可好意思吃饭？自家的事不做，等谁做！"

"是嘛，自家的事情自家做；大家做，就好办。"

新来汽车在渡口嘟嘟叫着。小船到了潭中心，另一位向我提出了个新问题，"同志，你是从省里来的？可见过武汉长江大铁桥？什么时候完工？"

"看见过！那里有万千人笼夜赶工，电灯亮堂堂的，老远只听到机器哗喇哗喇的响，真热闹！"

"办社会主义就是这样，好大一条桥！"

"你们难道看见过人铁桥？"

……说下去，我才知道原来她有个儿子在那边做工，年纪二十一岁，是从这边厂里调去的，一共去七个人。下乡电影队来放电影时，大家都从电影上看过大桥赶工情形，由于家里子侄辈在场，都十分兴奋自豪。我想起自治州百七十万人，共有三百四十万只勤快的手，都在同一心情下，为一个共同目的而进行生产劳动，长年手足贴近土地，再累些也不以为意。认识信念单纯而素朴，和生长在大城市中许多人的复杂头脑，及专会为自已好处作打算的种种表现，相形之下真是无从并提。

小船恰当此时，訇的碰到了浅滩边石头上，闪不知船滞住了。几个人于是又不免摇摇晃晃，而且在前仰后仆中相互笑嚷起来："慢点嘛，慢点嘛，忙哪样！又不是看戏争坐前排，忙哪样！"

女孩子一声不响早已轻轻一跃跳上了石滩，用力拉着船绳，倾身向后奔，好让船中人起岸，待让另一批人上船。一种责任感和劳动的愉快结合，留给我个要忘也不能忘的印象。

我站在干涸的石滩间，远望来处一切。那个隐在丛树后的小小村落，充满诗情画意。渡口悬崖罅缝间绿茸茸的，似乎还生长有许多虎耳草。白鸭子已游到潭水出口处石坝浅滩边去了，远远的只看见一簇簇白点子在移动。我想起种种过去，也估计着种种未来，觉得事情好奇怪。自然景物的清美，和我另外一时笔下叙述到的一个地方，竟如此巧合。可是生存到这里的人，生命的发展却如此不同。这小地方和中国任何其他乡村一样，正起着深刻的变化。第一声信号还在十年前，即那个青石板砌成的畚箕形渡口边，小孩子游戏处，曾有过一辆中型客车在此待渡，有七个文武官员坐在车中，一阵枪声下同时死去。这是另外一时那个"爱惜鼻子的老友"告诉我的。这故事如今可能只有管渡船的老人还记住，其他人全不知道，因为时间晃晃快过十年了。现在这个小地方，却正不声不响，一切如随同日月交替、潜移默运的在变化着。小渡船一会儿又回到潭中心去了。四围光景分外清寂。

在一般城里知识分子面前，我常常自以为是个"乡下人"，习惯性情都属于内地乡村型，不易改变。这个时节，才明白意识到，在这个十四五岁真正乡村女孩子那双清明无邪眼睛中看来，却只是个寄生城市里的"蛀米虫"，客气点说就是个"十足的、吃白米饭长大的城里人"。对于乡下的人事，我知道的多是百八十年前的老式样。至于正在风晴雨雪里成长，起始当家作主的新人，如何当家作主，我知道的实在太少了。

春游颐和园

北京建都有了八百年历史。劳动人民用他们的勤劳和智慧，在北京城郊建造了许多规模宏大建筑美丽的宫殿、庙宇和花园，留给我们后一代。花园建筑规模大，花木池塘富于艺术巧思，设备精美在世界上也特别著名的，是二百多年前乾隆时在西郊建筑的"圆明园"。这个著名花园，是在九十多年前就被帝国主义者野蛮军队把园里面上千栋房子中各种重要珍贵文物及一切陈设大肆抢劫后，有意放一把火烧掉了的。花园建筑时间比较晚的，是西郊的颐和园。部分建筑乾隆时虽然已具规模，主要建筑群却在一百才完成。修建这座大园子的经济来源，是借口恢复国防海军从人民刮来的几千万两银子，花园做成后，却只算是帝王一家人私有。

　　直到北京解放，这座大花园才为人民的公共财产。颐和园的游人数字是个证明：一九四九年全年游人二十六万六千八百多，一九五五年达到一百七十八万七千多人。二十年前游颐和园的人，常常觉得园里太大太空阔。其实只是能够玩的人太少，所以到处总是显得空空的。颐和园那条长廊，虽然已经长约三里路，现在每逢星期天游人就挤得满满的，即再加宽加长一倍两倍，怕也还是不够用。

　　春天来，颐和园花木都逐渐开放了，每天除了成千上万来看花的游人，还有许多自城郊学校来的少先队员，到园中过队日郊游，进行各种有益身心的活动。满园子里各处都可见到红领巾，各处都可听到建设祖国接班人的健康快乐的笑语和歌声。配合充满生机一片新绿丛中的鸟语花香，颐和园本身，因此也显得更加美丽和年轻！

　　凡是游颐和园的人，在售票处购买一册介绍园中景物的说明书，可得到极多帮助。只是如何就可用比较经济的时间，把颐和园重要地方都逛到呢？我想就我个人过去几年在这个大园子里转来转去的经验，和园子里建筑花木在春秋佳日给我的印象，提出一点游园的参考意见。

　　我们似可把颐和园分成五个大单位去游览。

　　第一是进门以后的建筑群。这个建筑群除中部大殿外，计包括北边的大戏楼和西边的"乐寿堂"，以及西边前面一点的"玉澜堂"。"玉澜堂"相传是光绪被慈禧太后囚禁的地方，院子和其他建筑隔绝自成一个小单位。到这里来的人，还可从入门口的说明牌子，体会到近六十年历史一鳞一爪。参观大戏台，得往回路向东走。这个戏台和中国近代歌剧发展史有些联系，六十年以前，中国京戏最出色的演员谭鑫培、杨小楼，都到这台上演过戏。戏台上下分三层，还有个宽阔整洁的后台和地下室，准备了各种机关布景。例如表演孙悟空大闹天宫或白蛇传水漫金山寺节目时，台上下到必要时还会喷水冒烟。演员也可以借助于技术设备，一齐腾空上升，或潜入地下，隐现不易捉摸。戏台面积比看戏的殿堂大许多，原因是这些戏主要是演给帝王和少数贵族官僚看的。演员百余人在台上活动，看戏的可能只三五十人。社会在发展中，六十年过去了，帝王独夫和这些名艺人十九都已死去。为人民爱好的艺术家的绝艺，却继续活在人们记忆中及后辈热忱学习和发展中。由大戏楼向西可到"乐寿堂"。这是六十年前慈禧做生日的地方。颐和园陈设中，有许多十九世纪显然见出半殖民地化的开始的恶俗趣味处，就多是当时在广东上海等通商口岸办洋务的奴才，为贡谀祝寿而做来的。也有些是帝国主义者为侵略中国的敲门砖。还有晚清有一种黄绿釉绘墨彩花鸟，多用紫藤和秋葵作主题，横写"天地一家春"的款识的大小瓷器，也是这个时期的生产。"乐寿堂"庭院宽敞，建筑虽不特别高大，却显得气魄大方。本院和西边一小院，春天时玉兰和海棠都开得格外茂盛。

第二部分是长廊全部和以"排云殿""佛香阁"为主体、围绕左右的建筑群。这是目下全个园子建筑最引人注意部分，也是全园的精华。有很多建筑小单位，或是一个四合院，或是一组列房子，布置得都十分讲究。花木围廊，各具巧思。但是从整体或部分说来，这个建筑群有些只是为配风景而作的，有些宜近看，有些只合远观。想总括全部得到一个整体印象，得租一只小游船，把船直向湖中心划去，再回过头来，看看这个建筑群，才会明白全部设计的用心处。因为排云殿后面隙地不多，山势太陡，许多建筑不免挤得紧一点。如东边的琼岛春阴转轮藏，西边的另一个小建筑群，都有点展布不开。正背后的佛香阁，地势更加迫促。虽亏得聪明的建筑工人，出主意把上佛香阁的路分作两边，做"之"字形盘旋而上，地势还是过于迫促。更向西一点的"画中游"部分建筑，也由于地面窄狭，做得格外玲珑小巧。必需到湖中看看，才明白建筑工人的用意，当时这部分建筑，原来就是为配合全山风景做成的。船到湖中心时向南望，在一平如镜碧波中的龙王庙和十七孔虹桥，都若十分亲切的向游人招手："来，来，来，这里也很有意思。"从这里望万寿山，距离虽远了点，可是把那些建筑不合理印象也忽略了。

第三部分就是湖中心那个孤岛上的建筑群，"龙王庙"是主体。连接龙王庙和东墙柳阴路全靠那条十七孔白石虹桥，长年卧在万顷碧波中，背景是一片北京特有的蓝得透亮的天空，真不愧叫作人造的虹。这条白石桥无论是远看，近看，或把船摇到下边仰起头来看，或站在桥上向左右四方看，都令人觉得满意。桥东岸边有一只铜牛，是两百年前铸铜工人的创作。

第四部分是后山一带，建筑废址并不少，保存完整的房子却不多。很显明是经过历史事变的痕迹没有修复过来。由后湖桥边的苏州街遗址，到上山的一系列殿基，直到半山上的两座残塔，据传说也是在圆明园被焚的同时毁去的。目下重要的是有好几条曲折小山路，清静幽僻，最宜散步。还有好几条形式不同的白石桥和新近修理的赤栏木板桥，湖水曲折地从桥下通过，划船时极有意思。

第五部分是东路以"谐趣园"为中心的建筑群，靠西上山有"景福阁"，靠北紧邻是"霁清轩"。这一组建筑群和前山后山大不相同，特征是树木比较多，地方比较僻静。建筑群包括有北方的明敞（如景福阁）和南方的幽趣（如霁清轩）两种长处。谐趣园主要部分是一个荷花池子，绕着池子有一组长廊和建筑。谐趣园占地面虽不大，那个荷花池子，夏天荷花盛开时，真是又香又好看。欢喜雀鸟的，这里四围树林子里经常有极好听的黄鸟歌声。啄木鸟声音也数这个地区最多。夏六月天雨后放晴时，树林间的鸟雀欢呼飞鸣，更是一种活泼生机。地方背风向阳处，长年有竹子生长。由后湖引来的一股活水，到此下坠五公尺，因此做成小小瀑布，夏天水发时，水声哗哗，对于久住北方平地的人，看到这些事物引起的情感，很显然都是新的。"霁清轩"地位已接近园中后围墙，建筑构造极别致，小院落主要部分是一座四面明窗当风的轩，一株盘旋而上的老松树，一个孤立的亭子，以及横贯院中的小小溪流。读过《红楼梦》的人，如偶然到了这个地方，会联想起当年书中那个女尼妙玉的住处。还有史湘云醉眠芍药茵的故事，也可能会在霁清轩大门前边一点发生。这个建筑照全部结构说来，是比《红楼梦》创作时代略早一点。有人到过谐趣园许多次，还不知道面前霁清轩的位置，可知这个建筑的布置成功处。由谐趣园宫门直向上山路走，不多远还有个"乐农轩"，虽只是平房一列，房子前花木却长得极好。杏花以外丁香、梨花都很好。"景福阁"位置在半山上，这座"亚"字形的大建筑，四面窗子透亮，绕屋平台廊子都极朗敞。遇着好机会，我们可能会在这里看到一些面孔熟习的著名文艺工作者、电影、歌剧、话剧名演员……他们也许正在这里和国际友人举行游园联欢会，在那里唱歌跳舞。

颐和园最高处建筑物，是山顶上那座全部用彩琉璃砖瓦拼凑做成的无梁殿。这个建筑无论从工程上和装饰美术上说来，都是一个伟大的创作。是近二百年前的建筑工人和烧琉璃窑工人共同努力为我们留下的一份宝贵遗产。在建筑规模上，它并不比北海那一座琉璃殿壮丽，但从建筑兼雕塑整体性的成就说来，无疑和北京其他同类创作，如北海及故宫九龙壁、香山琉璃塔等，都值得格外重视。上山的道路很多：欢喜热闹不怕累，可从排云殿后"抱月廊"上去，再从那几百磴"之"字形石台阶爬到"佛香阁"，歇歇气，欣赏一下昆明湖远近全景，再从后翻上那个琉璃牌楼，就到达了。欢喜冒险好奇的，又不妨从后山上去。这一路得经过几层废殿基，再钻几个小山洞。行动过于活泼的游客，上到山洞边时，头上脚下都得当心一些，免得偶然摔倒。另外东西两侧还有两条比较平缓的山路可走，上了点年纪的人不妨从东路上去。就是从景福阁向上走去。半道山脊两旁多空旷，特别适宜于远眺，南边是湖上景致，北边园外却是村落自然景色，很动人。夏六月还是一片绿油油的庄稼直延长到西山尽头，到秋八月后，就只见无数大牛车满满装载黄澄澄的粮食向合作社转运。村庄前后也到处是粮食堆垛。

从北边走可先逛长廊，到长廊尽头，转个弯，就到大石舫边了。

除大石舫外，这里经常还停泊有百多只油漆鲜明的小游艇出租。欢喜划船的游人，手劲大，可租船向前湖划去，一直过西蜂腰桥再向南，再划回来。比较合式的是绕湖心龙王庙，就穿十七孔桥回来。那座桥远看只觉得美丽，近看才会明白结构壮丽，工程扎实，让我们加深一层认识了古代造桥工人的聪明和伟大。船向回划可饱看颐和园万寿山正面全部风景，从各个不同角度看去，才会发现绕前山那道长廊，和长廊外临水那道白石栏杆，不仅发生单纯装饰效果，且像腰带一样把前山建筑群总在一起，从水上托出，设计实在够聪明巧妙。欢喜从空旷湖面转入幽静环境的游人，不妨把船向后湖划去。后湖水面窄而曲折，林木幽深，水中大鱼百十成群，对小船来去既成习惯，因此也不大存戒心。后湖在秋天里一个极短时期，水面常常忽然冒出一种颜色金黄的小莲花，一朵朵从水面探头出来约两寸来高，花头不过一寸大小，可是远远的就可让我们发现。至近身时我们才会发现花朵上还常常歇有一种细腰窄翅黑蜻蜓，飞飞又停停，彼此之间似相识又似陌生。又像是新认识的好朋友，默默地又亲切地贴近时，还像是有些脑脲害羞。一切情形和安徒生童话中的描写差不多，可是还更美丽一些，一时还没有人写出。这些小小金丝莲，一年只开花三四天，小蜻蜓从湖旁丛草间孵化，生命也极短暂。我们缺少安徒生的诗的童心，因此也难更深一层去想象体会它们生命中的悦乐处。见到这种花朵时，最好莫惊动采折。由石舫上山路，可经过"画中游"，这部分房子是有意仿造南方小楼房式做成，十分玲珑精致，大热天住下来不会太舒服，可是在湖中却特别好看。走到"画中游"才会明白取名的用意。若在春天四月里，园中好花次第开放，一切松柏杂树新叶也放出清香，这些新经修理装饰得崭新的建筑物，完全包裹在花树中，使得我们不能不对于创造它和新近修理它的木工、瓦工、彩画油漆工，以及那些长年在园子里栽花种树的工人，表示敬意和感谢。

颐和园还有一个地区，也可以作为一个游览单位计算，就是后山沿围墙那条土埂子。这地方虽若近在游人眼前，可是最容易忽略过去。这条路是从谐趣园再向北走，到后湖尽头几株大白杨树面前时，不回头，不转弯，再向西一直从一条小土路走上小土山。那是一条能够满足游人好奇心的小路，一路走去可从荆槐杂树林子枝叶罅隙间清清楚楚看到后山后湖全景。小土埂上还种得好些有了相当年月的马尾松，松根凸起来，间或会有一两个年轻艺术家在那里作画。地方特别清静，不会有人来搅扰他的工作。更重要还是从这里望出去，景物凑紧集中，如同一个一个镜框样子。若是一个有才能的画家，他不仅会把树石间色彩鲜明的红领巾，同水上游人种种活动，收入画布，同时还能够把他们表示新生生命的笑语和歌声同样写入画中。

跑龙套

近年来，社会上各处都把"专家"名称特别提出，表示尊重。知识多，责任多，值得尊重。我为避免滥竽充数的误会，常自称是个"跑龙套"脚色。我欢喜这个名分，除略带自嘲，还感到它庄严的一面。因为循名求实，新的国家有许多部门许多事情，属于特殊技术性的，固然要靠专家才能解决。可是此外还有更多近于杂务的事情，还待跑龙套的人去热心参预才可望把工作推进或改善。一个跑龙套角色，他的待遇远不如专家，他的工作却可能比专家还麻烦些、沉重些。

跑龙套在戏台上像是个无固定任务角色，姓名通常不上海报，虽然每一出戏文中大将或砦主出场，他都得前台露面打几个转，而且要严肃认真，不言不笑，凡事照规矩行动，随后才笔直恭敬的分站两旁，等待主角出场。看戏的常不把这种角色放在眼里，记在心上，他自己一举一动可不儿戏。到作战时，他虽然也可持刀弄棒，在台上砍杀一阵，腰腿劲实本领好的，还可在前台连翻几个旋风跟斗，或来个鲤鱼打挺，鹞子翻身，赢得台下观众连串掌声。不过戏剧照规矩安排，到头来终究得让元帅砦主一个一个当场放翻！跑龙套另外还得有一份本事，即永远是配角的配角，却各样都得懂，一切看前台需要，可以备数补缺，才不至于使得本戏提调临时手脚忙乱。一般要求一个戏剧主角，固然必需声容并茂，才能吸引观众，而对于配角唱做失格走板，也不轻易放过。一个好的跑龙套角色，从全局看，作用值得重估。就目前戏剧情况说，虽有了改进，还不大够。

我对于京戏，简直是个外行，解放前一年难得看上三五次，解放后机会多了些，还是并不懂戏。虽然极小时就欢喜站在有牵牛花式大喇叭的留声机前边，饱听过谭叫天、陈德霖、孙菊仙、小达子、杨小楼……等流行唱片，似乎预先已有过一些训练。顽童时代也净逃学去看野台戏。到北京来资格还是极差。全国人都说是"看戏"，唯有北京说"听戏"，二十年前你说去"看戏"，还将当作笑谈，肯定你是外行。京戏必用耳听，有个半世纪前故事可以作例：清末民初有那么一个真懂艺术的戏迷，上"三庆"听谭老板的戏时，不问寒暑，每戏必到，但座位远近却因戏而不同。到老谭戏一落腔，就把预先藏在袖子里两个小小棉花球，谨谨慎慎取出来，塞住耳朵，屏声静气，躬身退席。用意是把老谭那点味儿好好保留在大脑中，免得被下场锣鼓人声冲淡！这才真正是老谭难得的知音，演员听众各有千秋！故事虽极生动，我还是觉得这对当前今后京戏的提高和改进，并无什么好影响。因为老谭不世出，这种观众也不易培养。至于一般观众，居多是在近八年内由全国四面八方而来，不论是学生还是工农兵，到戏园子来，大致还是准备眼耳并用，不能如老内行有修养。对于个人在台边一唱半天的某种剧目，即或唱工再好，也不免令人起疲乏感。何况有时还腔调平凡陈腐。最不上劲的，是某种名角的新腔。通常是一个人摇着头满得意的唱下去，曼声长引，转腔换调时，逼得喉咙紧紧的，上气不接下气，好像孩子比赛似的，看谁气长谁就算本事高明。他本人除了唱也似乎无戏可做，手足身段都是静止的，台上一大群跑龙套，更是无戏可做，多站在那里睡眼蒙眬的打盹，只让主角一人拼命。这种单调唱辞的延长，和沉闷的空气的感染，使得观众中不可免也有逐渐梦周公势。这种感染催眠情形，是观众对艺术的无知，还是台上的表演过于沉闷单调，似乎值得商讨。有朋友说，旧戏主角占特别地位，在这一点上，是"主角突出"。我以为如突出到主角声嘶力竭，而台上下到催眠程度，是否反而形成一种脱离群众的典型，还是值得商讨。

京戏中有很多好戏，其中一部分过于重视主角唱做，忽略助手作用，观众有意见虽保留不言，但是却从另外一种反应测验得知。即近年来地方戏到京演出，几几乎得到普遍的成功。川戏自不待言。此外湘、粤、徽、赣、闽、晋、豫，几几乎都能给观众一种较好印象。地方戏不同于京戏，主要就是凡上台的生旦净丑，身份虽不相同，都有戏可做。这是中国戏剧真正老规矩，从元明杂剧本子上也可看得出来。虽属纯粹配角，也要让他适当发挥作用，共同形成一个总体印象。地方古典戏的编导者，都懂得这一点。比较起来，京戏倒并不是保守，而略有冒进。至于京戏打乱了旧规矩，特别重视名角制，可能受两种影响：前一段和晚清宫廷贵族爱好要求相关，次一段和辛亥以来姚茫父①、罗瘿公②诸名流为编改脚本有关。这么一来，对诸名艺员而言，为主角突出，可得到充分发挥长处的机会。但是对全个京戏而言，就显然失去了整体调协作用。和地方戏比较，人才锻炼培养也大不相同：地方戏安排角色，从不抹杀一切演员的长处，演员各得其所，新陈代谢之际，生旦净丑不愁接班无人。京戏安排角色，只成就三五名人，其他比较忽略，名人一经凋谢，不免全班解体，难以为继。京戏有危机在此，需要正视。二十年谈京戏改良，我还听到一个京戏正宗大专家

---

① 姚茫父，字重光，别署莲花盦主，贵州贵筑人，是清末书画家、诗人、词曲家、经史学家。

② 罗瘿公，名敦曧，字掞东，号瘿公，广东广州府顺德县人。近代诗人、京剧剧作家。

说过：京戏有京戏老规矩，不能随便更动（曾举例许多）。我们说京戏并不老，唱法服装都不老，他不承认。事实上随同戏台条件不同，什么都在变。出将入相的二门，当时认为绝不能取消的，一般都不能不取消，只有傀儡戏不变动。检场的今昔也大不相同，二十年前我们还可见到梅兰芳先生演戏，半当中转过面去还有人奉茶。池子里茶房彼此从空中飞掷滚热手巾，从外州县初来的人，一面觉得惊奇，一面不免老担心会落到自己头上。有好些戏园子当时还男女分座，说是免得"有伤风化"。改动旧规矩最多的或者还数梅程二名演员，因为戏本就多是新编的，照老一辈说来，也是"不古不今"。证明京戏改进并非不可能，因为环境条件通通在变。京戏在改进工作中曾经起过带头作用，也发生过麻烦。目前问题就还待有心人从深一层注注意，向真正的古典戏取法，地方戏取法，肯虚心客观有极大好处。例如把凡是上台出场的角色，都给以活动表演的机会，不要再照近五十年办法，不是傻站就是翻斤斗，京戏将面目一新。即以梅先生著名的《贵妃醉酒》一戏为例，几个宫女健康活泼，年轻貌美（我指的是在长沙演出，江苏省京剧团配演的几位），听她们如傻丫头一个个站在台上许久，作为陪衬，多不经济。如试试让几个人出场不久，在沉香亭畔丝竹筝琶的来按乐。乐不合拍，杨贵妃还不妨趁醉把琵琶夺过手中，弹一曲《得至宝》或《紫云回》，借此表演表演她做梨园弟子师傅的绝艺。在琵琶声中诸宫女同时献舞，舞玄宗梦里所见《紫云回》曲子本事！如此一来，三十年贵妃醉酒的旧场面，的确是被打破了，可是《贵妃醉酒》一剧，却将由于诸宫女活动的穿插，有了新的充实，新的生命，也免得梅先生一个人在台上唱独脚戏，累得个够狼狈。更重要自然还是因此一来台上年轻人有长处可以发挥。京戏改良从这些地方改起，实有意义。还有服装部分，也值得从美术和历史两方面试做些新的考虑。社会总在进展，任何事情停留凝固不得。历史戏似乎也到了对历史空气多做些考虑负点责任时期了。无论洛神、梁红玉、杨贵妃，其实都值得进一步研究，穿什么衣更好看些，更符合历史情感及历史本来。目下杨贵妃的一身穿戴，相当累赘拖沓，有些里衬还颜色失调，从整体说且有落后于越剧趋势。不承认这个现实不成的。过去搞戏剧服装，对开元天宝时代衣冠制度起居诸物把握不住，不妨仅凭主观创造设计。观众要求也并不苛刻，只要花花绿绿好看就成；外人不明白，还说极合符历史真实，这种赞美还在继续说下去，容易形成自我陶醉。目下情形已大不相同，能让历史戏多有些历史气氛，并不怎么困难麻烦，而且也应当是戏剧改良一个正确方向。我们不能迁就观众欣赏水平，值得从这方面做提高打算，娱乐中还多些教育意义。这事情事实上是容易解决的，所缺少的是有心人多用一点心，又能够不以过去成就自限。

一点回忆　一点感想

前几天，忽然有个青年来找我，中等身材，面目朴野，不待开口，我就估想他是来自我的家乡。接谈之下，果然是苗族自治州泸溪县人。来做什么？不让家中知道，考音乐学院！年纪才十九进二十，走出东车站时，情形可能恰恰和三十四五年前的我一样，抬头第一眼望望前门，"北京好大"！

　　北京真大。我初来时，北京还不到七十万人，现在已增加过四百万人。北京的发展象征中国的发展。真的发展应从解放算起。八年来政府不仅在市郊修了几万幢大房子，还正在把全个紫禁城内故宫几千所旧房子，做有计划翻修，油漆彩绘，要做到焕然一新。北京每一所机关、学校、工厂、研究所，新房子里每一种会议，每一张蓝图完成，每一台车床出厂，都意味着新中国在飞跃进展中。正如几年前北京市长提起过的，"新中国面貌的改变，不宜用十天半月计算，应当是一分一秒计算"。同时也让世界上人都知道，真正重视民族文化遗产，保卫民族文化遗产，只有工人阶级的共产党领导国家时，才能认真做到。北京是六亿人民祖国的心脏，脉搏跳动得正常，显示祖国整体的健康。目下全国人民，是在一个共同信仰目的下，进行生产劳作的:"建设祖国,稳步走向社会主义。"面前一切困难,都必然能够克服,任何障碍,都必需加以扫除。也只有在中国共产党领导下的新中国,才做得到这样步调整齐严肃,有条不紊。

我离开家乡凤凰县已经四十年,前后曾两次回到那个小县城里去:前一次是一九三四年的冬天,这一次在去年冬天。最初离开湘西时,保留在我印象中最深刻的有两件事:一是军阀残杀人民,芷江县属东乡,一个村镇上,就被土著军队用清乡名义,前后屠杀过约五千老百姓。其次是各县曾普遍栽种鸦片烟,外运时多三五百担一次。本地吸烟毒化情况,更加惊人,我住过的一个部队机关里,就有四十八盏烟灯日夜燃着。好可怕的存在!现在向小孩子说来,他们也难想象是小说童话,还是真有其事!一九三四年我初次回去时,看到的地方变化,是烟土外运已改成吗啡输出,就在桃源县上边一点某地设厂,大量生产这种毒化中国的东西。这种生财有道的经营,本地军阀不能独占,因此股东中还有提倡八德的省主席何键①,远在南京的孔祥熙②,和上海坐码头的流氓头子。这个毒化组织,正是旧中国统治阶级的象征。做好事毫无能力,做坏事都共同有份。

我初到北京时,正是旧军阀割据时期。军阀彼此利益矛盾,随时都可在国内某一地区火并,做成万千人民的死亡、财富的毁灭。督办大帅此伏彼起,失败后就带起二三十个姨太太和保镖马弁,向租界一

① 何键,字芸樵,湖南人。国民党二级陆军上将,国民党中央委员会执行委员,时任湖南省政府主席。

② 孔祥熙,字庸之,号子渊,山西太谷人,祖籍山东曲阜,孔子的第七十五世孙。中华民国国民政府行政院长,兼财政部长,亦是一名银行家及富商。

跑，万事大吉。住在北京城里的统治上层，生活腐败程度也不易设想。曹锟①、张作霖②出门时，车过处必预洒黄土。当时还有八百"议员"，报纸上常讽为"猪仔"，自己倒乐意叫"罗汉"。都各有武力靠山，各有派系。由于个人或集团利害易起冲突，在议会中动武时，就用墨盒等物当成法宝，相互抛来打去。或扭打成伤，就先去医院再上法院。政府许多机关，都积年不发薪水，各自靠典押公产应付。高等学校并且多年不睬理，听之自生自灭。但是北京城内外各大饭庄和八大胡同中的妓院，却生意兴隆，经常有无数官僚、议员、阔老，在那里交际应酬，挥金如土。帝国主义者驻京使节和领事，都气焰逼人，拥有极大特权，乐意中国长处半殖民地化状态中，好巩固他们的既得特别权益，并且向军阀推销军火，挑拨内战。租界上罪恶更多。社会上因之又还有一种随处可遇见的人物，或是什么洋行、公司的经理、买办、科长、秘书，又或在教会做事，或在教会办的学校做事，租界使馆里当洋差……身份教育虽各不相同，基本心理情况，却或多或少有点惧外媚外，恰像是旧社会一个特别阶层，即帝国主义者处心积虑、训练培养出的"伙计"！他们的职业，大都和帝国主义者发生一定联系，对外人极诣，对于本国老百姓却瞧不上眼。很多人名分上受过高等教育，其实只增长了些奴性，浅薄到以能够说话如洋人而自豪，俨然比普通人身份就高一层。有些教会大学的女生，竟以能拜寄洋干妈为得意，即以大学生而言，当时寄住各公寓的穷苦学生，有每月应缴三五元伙食宿杂费用，还不易措置的，另外一些官僚、军阀、地主、买办子弟大学高材生，却打扮得油头粉脸，和文明戏中的拆白党小生一样，

---

① 曹锟，字仲珊，出生于天津大沽口（天津市塘沽），第五任中华民国大总统，国民革命军陆军一级上将，中华民国直系军阀的首领。驻军保定，被称为"保定王"。

② 张作霖，字雨亭，奉天省海城县北小洼村人。北洋军阀奉系首领。

终日游荡戏院妓院,读书成绩极劣,打麻将、泡土娼,却事事高明在行,日子过得逍遥自在如城市神仙。我同乡中就有这种大学生,读书数年,回去只会唱《定军山》。社会上自然也有的是好人,好教授、专家或好学生,在那么一个社会中,却不能发挥专长,起好作用。……总之,不论"大帅"或"大少",对人民无情都完全相同。实在说来,当时统治上层,外强中干,已在腐烂解体状态中。又似乎一切都安排错了,等待人从头做起。凡受过五四运动影响,以及对苏俄十月革命成功有些认识的人,都肯定这个旧社会得重造,凡事要重新安排,人民才有好日子过,国家也才像个国家。

一切的确是在重新安排中。

时间过了四十年,在中国共产党领导下,亿万人民革命火热斗争中,社会完全改变过来了。帝国主义者、军阀、官僚、地主、买办……大帅或大少,一堆肮脏垃圾,都在革命大火中烧毁了。我看到北京面目的改变,也看到中国的新生。饮水思源,让我们明白保护人民革命的成果,十分重要。中国决不能退回到过去那种黑暗、野蛮、腐败、肮脏旧式样中去。

去年冬天,因全国政协视察工作,我又有机会回到离开二十三年的家乡去看看。社会变化真大!首先即让我体会得出,凡是有一定职业的人,在他日常平凡工作中,无不感觉到工作庄严的意义,是在促进国家的工业建设,好共同完成社会主义革命。越到乡下越加容易发现这种情形。他们的工作艰苦又麻烦,信心却十分坚强。我留下的时间极短,得到的印象却深刻十分。自治州首府吉首,有一条美丽小河,连接新旧两区,巴渡船的一天到晚守在船中,把万千下乡入市的人来回渡过,自己却不声不响。我曾在河岸高处看了许久,只觉得景象动人。近来才知道弄渡船的原来是个双目失明的人。苗族自治州目下管辖十县,经常都可发现一个白发满头老年人,腰腿壮健,衣服沾满泥土,带领一群年轻小伙子,长年在荒山野地里跋涉,把个小铁锤这里敲敲,那里敲敲,像是自己青春生命已完全恢复过来了,还预备把十县荒山旷野石头中的蕴藏,也一一敲醒转来,好共同为社会主义服务!仅仅以凤凰县而言,南城外新发现的一个磷矿,露天开采,一年挖两万吨,挖个五十年也不会完!含量超过百分之八十的好磷肥,除供给自治州各县农业合作社,将来还可大量支援洞庭湖边中国谷仓的需要。这个荒山已经沉睡了千百万年,近来却被丘振老工程师手中小锤子唤醒!不论是双目失明的渡船夫,还是七十八岁的老工程师,活得那么扎实,工作得那么起劲,是为什么?究竟是有一种什么力量在鼓舞他们,兴奋他们?可不是和亿万人民一样,已经明白自己是在当家作主,各有责任待尽,相信照着毛主席提出的方向,路一定走得对,事情一定办得好!人人都明白,"前一代的流血牺牲,是为这一代青年学习和工作,开辟了无限广阔平坦的道路,这一代的勤劳辛苦,又正是为下一代创造更加幸福美好的明天"。全中国的人民——老年、中年、壮年、青年和儿童,都活在这么一个崭新的社会中,都在努力把自己劳动,投到国家建设需要上,而对之寄托无限希望。试想想,这是一个什么样的新社会!把它和旧的种种对照对照,就知道我们想要赞美它,也只会感觉到文学不够用,认识不够深刻。哪能容许人有意来诽谤它,破坏它。

就在这么社会面貌基本变化情况下,住在北京城里和几个大都市中,却居然还有些白日做梦的妄人,想使用点"政术",把人民成就抹杀,把领导人民的共产党的威信搞垮。利用党整风的机会,不好好建议帮忙,却到处趁势放火,并且利用所把持的报纸夸大报道。大火起后,这些"马路政客",更从这个基础上,扩大幻想和野心,利用机会,布置阵容,以为下一步棋必然是要靠他们来收拾大局。在所有学校里，机关中，以及一切文化教育部门，把共产党的领导取消，党员赶走，让他们好来从从容容搞"民主办校"……走英美路线，投降美帝、军阀、地主、资本家复辟，再让全国好人普遍流血。这些人却从人的血泊里庆祝胜利成功！这些阴险狂妄的企图，重要部分的暴露，虽只是这个六月里的事情，其实另外一种勘探，早也见出了些苗头，为党所预见。照我的记忆，六月以前党的一位负责人在谈话中，就曾经向这些马路政客，敲过警钟。并举匈牙利事件作例，说是破坏情况，搁在眼前，可作教训。问要"大民主"还是"小民主"。因之警告过野心家，不必空谈"大民主"，最好还是"小民主"，凡事在一堂商量比较好办。如偏要叫嚷"大民主"，到工农老百姓手拿扁担一齐打上门来时，恐怕招架不住的。另外一次又说过："五百万知识分子经济基础，完全寄托到千二百万工人和亿万农民身上，经济基础已变了，自己如果还不明白，将来不好办。"当时话都有所指，温和中如有幽默，其实异常严肃。可是做白日梦成癖的人，照例有他自己一套逻辑，不但不体会到话中的庄严意义，应当老实处偏不老实，还以为指使他人放火，自己隔岸袖手旁观，到后来再从从容容作"谢安"，为苍生霖雨！这些打算真是阴险也够糊涂，自己却以为聪明到家，可说是唯心主义的典型！

右派分子鸣放应唱和到十分热闹时，曾有个青年学生，拿了个介绍信来找我，信上署有小翠花、张恨水和我三个人名字。说上海一家报纸，要消息，以为我多年不露面，对鸣放有什么意见，尽管说，必代为写出上报鸣不平。人既来得突然，话又说得离奇，并且一个介绍信上，把这么三个毫不相干的人名放在一起，处处证明这位年轻"好心人"根本不知道我是谁，现在又正在干什么。我告他，"你们恐怕弄错了人"，就说"不错不错"。又告他，"我和信上另外两位都不相熟"，就说"那是随便填上的"。一个介绍信怎么能随便填？后来告他我年来正在做丝绸研究工作，只担心工作进行得慢，怕配不上社会要求。如要写文章，也有刊物登载，自己会写，不用别人代劳，请不用记载什么吧。这一来，连身边那个照相匣子也不好打开，磨了一阵，才算走去了。当时还只觉得这个青年过分热心，不问对象，有些好笑，以为我几年来不写文章，就是受了委屈，憋在心里待放。料想不到我目下搞的研究，过去是不可能有人搞的，因为简直无从下手，唯有新中国才有机会来这么做，为新的中国丝绸博物馆打个基础。目下做的事情，也远比过去我写点那种不三不四小说，对国家人民有实用。现在想想，来的人本意也许出于一点热情，却实在容易被右派分子所利用，找寻火种得不到，失望而去时，说不定还要批评我一句，"落后不中用"。值得引起我自己警惕处，即过去旧业，一定还要重理，不放弃它，免得让人钻空子造谣。

我几年来在博物馆搞研究工作，事事都得到党和人民的支持和鼓励，因为工作正是新中国人民共同事业一部分，而决不是和社会主义相违反的。右派分子的算盘，打在我这样一个人身上，就弄错了，何况想反对伟大的党，来走回头路，怎么不失败？历史只向前进不会倒回。右派分子的暴露和倾覆，象征帝国主义者的伙计们，在中国残余势力的进一步被扫除。新中国在建设中，需要的是扎扎实实、诚诚恳恳、为人民共同利益做事的专家知识分子，不要玩空头弄权术的政客。帝国主义者的鸮鸟不吉鸣声消失了，人民胜利的欢呼，将在明朗朗阳光下响遍祖国各处。

我为一切年轻人前途庆贺，因为不论是远来北京求学的青年，或是行将离开学校和家庭，准备到边远地区或工厂和乡下，从事各种生产建设的青年，你们活到今天这个崭新社会里，实在是万分幸运。我们那一代所有的痛苦，你们都不会遭遇。你们如今跟着伟大的党旗帜，照着毛主席的指示和希望向前，来学习驾驭钢铁，征服自然，努力的成果，不仅仅是完成建设祖国的壮丽辉煌的历史任务，同时还是保卫世界和平一种巨大力量，另外也将鼓舞着世界上一切被压迫、争解放各民族友好团结力量日益壮大。打量作新中国接班人的青年朋友，你们常说学习不知从何学起，照我想，七十八岁丘振老工程师的工作态度和热情，正是我们共同的榜样！

湘西苗族的艺术

你歌没有我歌多，我歌共有三只牛毛多，
唱了三年六个月，刚刚唱完一只牛耳朵。

这是我家乡看牛孩子唱歌比赛时一首四句头山歌，健康、快乐，还有点谐趣，唱时听来真是彼此开心。原来作者是苗族还是汉人，可无从知道，因为同样的好山歌，流行在苗族自治州十县实在太多了。

凡是到过中南兄弟民族地区住过一阵的人，对于当地人民最容易保留到印象中的有两件事：爱美和热情。

爱美表现于妇女的装束方面特别显著。使用的材料，尽管不过是一般木机深色的土布，或格子花，或墨蓝浅绿，袖口裤脚多采用几道杂彩美丽的边缘，有的是别出心裁的刺绣，有的只是用普通印花布零料剪裁拼凑，加上个别有风格的绣花围裙，一条手织花腰带，穿上身就给人一种健康、朴素、异常动人的印象。再配上些飘乡银匠打造的首饰，在色彩配合和整体效果上，真是和谐优美。并且还让人感觉到，它反映的不仅是个人爱美的情操，还是这个民族一种深厚悠久的文化。

这个区域居住的三十多万苗族，除部分已习用汉文，本族还无文字。热情多表现于歌声中。任何一个山中地区，凡是有村落或开垦过的田土地方，有人居住或生产劳作的处所，不论早晚都可听到各种美妙有情的歌声。当地按照季节敬祖祭神必唱各种神歌，婚丧大事必唱庆贺悼慰的歌，生产劳作更分门别类，随时随事唱着各种悦耳开心的歌曲。至于青年男女恋爱，更有唱不完听不尽的万万千千好听山歌。即或是行路人，彼此漠不相识，有的问路攀谈，也是用唱歌方式进行的。许多山村农民和陌生人说话时，或由于羞涩，或由于窘迫，口中常疙疙瘩瘩，辞难达意。如果换个方法，用歌词来叙述，就即物起兴，出口成章，简直是个天生诗人。每个人似乎都有一种天赋，一开口就押韵合腔。刺绣挑花艺术限于女人，唱歌却不拘男女，本领都高明在行。

这种好歌手，通常必然还是个在本村本乡出力得用的好人，不论是推磨打豆腐，或是箍桶、作篁子的木匠蔑匠，手艺也必然十分出色。他或她的天才，在当地所起的作用，是使得彼此情感流注，生命丰富润泽，更加鼓舞人热爱生活和工作。即或有些歌近于谐趣和讽刺，本质依然是十分健康的。这还只是指一般会唱歌的人和所唱的歌而言。

至于当地一村一乡特别著名的歌手，和多少年来被公众承认的歌师傅，那唱歌的本领，自然就更加出色惊人！

一九五六年冬天十二月里，我回到家乡，在自治州首府吉首，就过了三个离奇而且值得永远记忆的晚上。那时恰巧中央民族音乐研究所有个专家工作组共同到了自治州，做苗歌录音记谱工作。自治州龙副州长，特别为邀了四位苗族会唱歌高手到州上来。天寒地冻，各处都结了冰，院外空气也仿佛冻结了，我们却共同在自治州新办公大楼会议室，烧了两盆大火，围在火盆边，试唱各种各样的歌，一直唱到夜深还不休息。其中两位男的，一个是年过七十的老师傅，一脑子的好歌，真像是个宝库，数量还不止三只牛毛多，即唱三年六个月，也不过刚刚唱完一只牛耳朵。一个年过五十的小学校长，除唱歌外还懂得许多苗族动人传说故事。真是"洞河的水永远流不完，歌师傅的歌永远唱不完"。两个女的年纪都极轻：一个二十岁，又会唱歌又会打鼓，一个只十七岁，喉咙脆脆的，唱时还夹杂些童音。歌声中总永远夹着笑声，微笑时却如同在轻轻唱歌。

大家围坐在两个炭火熊熊的火盆边，把各种好听的歌轮流唱下去，一面解释一面唱。副州长是个年纪刚过三十的苗族知识分子，州政协秘书长，也是个苗族知识分子，都懂歌也会唱歌，陪我们坐在火盆旁边，一面为人家剥橘子，一面作翻译。解释到某一句时，照例必一面搔头一面笑着说："这怎么办！简直没有办法译，意思全是双关的，又巧又妙，本事再好也译不出！"小学校长试译了一下，也说有些实在译不出。"正如同小时候看到天上雨后出虹，多好看，可说不出！古时候考状元一定比这个还方便！"说得大家笑个不止。

虽然很多歌中的神韵味道都难译，我们从反复解释出的和那些又温柔、又激情、又愉快的歌声中，享受的已够多了。那个年纪已过七十的歌师傅，用一种低沉的，略带一点鼻音的腔调，充满了一种不可言说的深厚感情，唱着苗族举行刺牛典礼时迎神送神的歌词，随即由那个十七岁的女孩子接着用一种清朗朗的调子和歌时，真是一种稀有少见杰作。即或我们一句原词听不懂，又缺少机会眼见那个祭祀庄严热闹场面，彼此生命间却仿佛为一种共通的庄严中微带抑郁的情感流注浸润。让我想象到似乎就正是二千多年前伟大诗人屈原到湘西来所听到的那些歌声。照历史记载，屈原著名的《九歌》，原本就是从那种古代酬神歌曲衍化出来的。本来的神曲，却依旧还保留在这地区老歌师和年轻女歌手的口头传述中，各有千秋。

年纪较长的女歌手，打鼓跳舞极出色。年纪极轻的叫龙莹秀，脸白白的，眉毛又细又长，长得秀气而健康，一双手大大的，证明从不脱离生产劳动。初来时还有些害羞，老把一双手插在绣花围腰裙的里边。不拘说话或唱歌，总是天真无邪的笑着。像是一树映山红一样，在细雨阳光下开放。在她面前，世界一切都是美好的，值得含笑相对，不拘唱什么，总是出口成章。偶然押韵错了字，不合规矩，给老师傅或同伴指点纠正时，她自己就快乐得大笑，声音清脆又透明，如同大小几个银铃子一齐摇着，又像是个琉璃盘装满翠玉珠子滚动不止。事实上我这种比拟形容是十分拙劣很不相称的。因为任何一种比方，都难于形容充满青春生命健康愉快的歌声和笑声，只有好诗歌和好音乐有时还能勉强保留一个相似的印象，可是我却既不会写诗又不会作曲！

这时，我回想起四十多年前作小孩时，在家乡山坡间听来的几首本地山歌，那歌是：

> 天上起云云起花，包谷林里种豆荚，
> 豆荚缠坏包谷树，娇妹缠坏后生家。
> 娇家门前一重坡，别人走少郎走多，
> 铁打草鞋穿烂了，不是为你为哪个？

当时我也还像个看牛娃儿，只跟着砍柴拾菌子的信口唱下去。知道是年轻小伙子逗那些上山割草砍柴拾菌子的年轻苗族姑娘老妳、弥代帕唱的，可并不懂得其中深意。可是那些胸脯高眉毛长眼睛光亮的年轻女人，经过了四十多年，我却还记忆得十分清楚。现在才明白产生这种好山歌实有原因。如没有一种适当的对象和特殊环境作为土壤，这些好歌不会生长，这些歌也不会那么素朴、真挚而美妙感人。这些歌是苗汉杂居区汉族牧童口中唱出的，比起许多优秀苗歌来，还应当说是次等的次等。

苗族男女的歌声中反映的情感内容，在语言转译上受了一定限制，因之不容易传达过来。但是他们另外一种艺术上的天赋，反映到和生活密切关联的编织刺绣，却比较容易欣赏理解。这里介绍的挑花绣，是自治州所属凤凰县收集来的。地名凤凰县，凤穿牡丹的主题图案，在这个地区保存得也就格外多而好。图案组织的活泼、生动而又充满了一种创造性的大胆和天真，显然和山歌一样，是共同从一个古老传统人民艺术的土壤里发育长成的。这些花样虽完成于十九世纪，却和二千多年前楚文化中反映到彩绘漆器上和青铜镜子的主题图案一脉相通。同样有青春生命的希望和欢乐情感在飞跃，在旋舞，并且充满一种明确而强烈的韵律节奏感。可见，它的产生存在都不是偶然的，实源远流长而永远新鲜，是祖国人民共同文化遗产一部分，不仅在过去丰富了当地劳动人民生活的内容，在未来，还必然会和年轻生命结合，做出各种不同的有光辉的新发展。

过节和观灯

端午给我的特别印象

　　说起过节和观灯，每人都有份不同的经验。

　　中国是世界上一个大国，地面广，人口多，历史长，分布全国各民族语言文化风俗习惯又不一样，所以一年四季就有许多种节日，使用不同方式，分别在山上、水边、乡村、城镇举行。属于个人的且家家有份。这些节日影响到衣食住行各方面，丰富人民生活的内容，扩大历史文化的面貌，也加深了民族团结的感情。一般吃的如年糕、粽子、月饼、腊八粥，玩的如花炮、焰火、秋千、风筝、灯彩、陀螺、兔儿爷、胖阿福，穿戴的如虎头帽、猫猫鞋，作闹龙舟和百子观灯图的衣裙、坎肩、涎围和围裙……就无一不和节令密切相关。较古节日已延长了二三千年，后起的也有千把年历史，经史等古籍中曾提起它种种来历和举行的仪式。大多数节日常和农事生产相关，小部分则由名人故事或神话传说而来，因此有的虽具全国性，依旧会留下些区域特征。比如为纪念屈原的五月端阳，包粽子、悬蒲艾、戴石榴花，虽然已成全国习惯，但南方的龙舟竞渡，给青年、妇女及小孩子带来的兴奋和快乐，就决不是生长在北方平原的人所能想象的！

大江以南，凡是有河流可通船舶处，无论大城小市，端午必照例举行赛船。这些特制龙船多窄而长，有的且分五色，头尾高张，转动十分灵便。平时搁在岸上，节日来临前，才由二三十个特选少壮青年，在鞭炮轰响、欢笑呼喊中送请下水。初五叫小端阳，十五叫大端阳，正式比赛或由初三到初五，或由初五到十五。沅水流域的渔家子弟，白天玩不尽兴，晚上犹继续进行，三更半夜后，住在河边的人从睡梦中醒来时，还可听到水面飘来蓬蓬当当的锣鼓声。近年来我的记忆力日益衰退，可是四十多年前在一条六百里长的沅水和五个支流一些大城小镇度过的端阳节，由于乡情风俗热烈活泼，将近半个世纪，种种景象在记忆中还明朗清楚，不褪色，不走样。

因此还可联想起许多用"闹龙舟"作题材的艺术品。较早出现的龙舟，似应数敦煌壁画，东王公坐在上面去会西王母，云游远方，象征"驾六龙以驭天"。画虽成于北朝人手，最先稿本或可早到汉代。其次是《洛神赋图卷》，也有个相似而不同的龙舟，仿佛"驾玉虬而偕逝"情形，作为曹植对洛神的眷恋悬想。虽历来当作晋代大画家顾恺之手笔，产生时代又可能较晚些。还有个长及数丈元明人传摹唐李昭道①《阿房宫图卷》，也有几只装饰华美的龙凤舟，在一派清波中从容荡漾，和结构宏伟建筑群相呼应。只是这些龙舟有的近于在水云中游行的无轮车子，有的又和五月端阳少直接关系。由宋到清，比较著名的画还有张择端《金明争标图》，宋人《龙舟图》，元人王振鹏②《龙舟竞渡图》，宋人《西湖竞渡图》，明人《龙舟竞渡图》……画幅虽不大，作得都相当生动美丽，反映出部分历史真实。故宫收藏清初十二月令画轴《五月端阳龙舟图》，且画得格外华美热闹。

---

① 李昭道，唐代画家。

② 王振鹏，元代画家。

此外明清工人用象牙、竹木和剔红雕填漆作的龙船，也有工艺精巧绝伦的。至于应用到生活服用方面，实无过西南各省民间挑花刺绣。被面、帐檐、门帘、枕帕、围裙、手巾、头巾和小孩穿的坎肩、涎围，戴的花帽，经常都把"闹龙舟"作主题，加以各种不同艺术表现，作得异常精美出色。当地妇女制作这些刺绣时，照例必把个人节日欢乐的回忆，做新嫁娘做母亲对于家庭的幸福愿望，对于儿女的热爱关心，连同彩色丝线交织在图案中。闹龙舟的五彩版画，也特别受农村中和长年寄居在渔船上货船上的妇孺欢迎，能引起他们种种欢乐回忆和联想。

记忆中的云南跑马节

还有特具地方性的跑马节，是在云南昆明附近乡下跑马山下举行的。这种聚集了近百里内四乡群众的盛会，到时百货云集，百艺毕呈，对于外乡人更加开眼。不仅引人兴趣，也能长人见闻。来自四乡载运烧酒的马驮子，多把酒坛连驮架就地卸下，站在一旁招徕主顾，并且用小竹筒不住舀酒请人品尝。有些上点年纪的人，阅兵点将一般，到处走去，点点头又摇摇头，平时若酒量不大，绕场一周，也就不免给那喷鼻浓香酒味熏得摇摇晃晃有个三分醉意了。各种酸甜苦辣吃食摊子，也都富有云南地方特色，为外地所少见。妇女们高兴的事情，是城乡第一流银匠到时都带了各种新样首饰，选平敞地搭个小小布棚，展开全部场面，就地开业，煮、炸、捶、钻、吹、镀、嵌、接，显得十分热闹。卖土布鞋面枕帕的，卖花边阑干、五色丝线和胭脂水粉香胰子的，都是专为女主顾而准备。文具摊上经常还可发现木刻《百家姓》和其他老式启蒙读物。

大家主要兴趣自然在跑马，特别关心本村的胜败，和划龙船情形相差不多。我对于赛马兴趣并不大。云南马骨架多比较矮小，近于古人说的"果下马"，平时当坐骑，爬山越岭腰力还不坏，走夜路又不轻易失蹄。在平川地作小跑，钻子步走来匀称稳当，也显得满有精神。可是当时我实另有会心，只希望从那些装备不同的马背上，发现一点"秘密"。因为我对于工艺美术有点常识，漆器加工历史有许多问题还未得解决。读唐宋人笔记，多以为"犀皮漆"作法来自西南，系由马鞍鞯涂漆久经磨擦而成。"波罗漆"即犀皮中一种，"波罗"由樊绰《蛮书》得知即老虎别名，由此可知波罗漆得名便在南方。但是缺少从实物取证，承认或否认仍难肯定。我因久住昆明滇池边乡下，平时赶火车入城，即曾经从坐骑鞍桥上发现有各种彩色重叠的花斑，证明《因话录》等记载不是全无道理。所谓秘密，就是想趁机会在那些来自四乡装备不同的马背上，再仔细些探索一下究竟。结果明白不仅有犀皮漆云斑，还有五色相杂牛皮纹，正是宋代"绮纹刷丝漆"的作法。至于宋明铁错银马镫，更是随处可见。云南本出铜漆，又有个工艺传统，马具制作沿袭较古制度，本来极平常自然。可是这些小发明，对我说来却意义深长，因为明白"由物证史"的方法，此后应用到研究物质文化史和工艺图案发展史，都可得到不少新发现。当时在人马群中挤来钻去，十分满意，真正应合了古人说的，"相马于牝牡骊黄之外"。但过不多久，更新的发现，就把我引诱过去，认为从马背上研究老问题，不免近于卖呆，远不如从活人中听听生命的颂歌为有意思了。

原来跑马节还有许多精彩的活动，在另外一个斜坡边，比较僻静长满小小马尾松林子和荆条丛生的地区，那里到处有一簇簇年轻男女在对歌，也可说是"情绪跑马"，热烈程度绝不下于马背翻腾。云南本是个诗歌的家乡，路南和迤西歌舞早著名全国。这一回却更加丰富了我的见闻。

这是种生面别开的场所，对调子的来自四方，各自蹲踞在松树林子和灌木丛沟凹处，彼此相去虽不多远，却互不见面。唱的多是情歌酬和，却有种种不同方式。或见景生情，即物起兴，用各种丰富比喻，比赛机智才能。或用提问题方法，等待对方答解。或互嘲互赞，随事押韵，循环无端。也唱其他故事，贯穿古今，引经据典，当事人照例一本册，滚瓜熟，随口而出。在场的既多内行，开口即见高低，含糊不得。所以不是高手，也不敢轻易搭腔。那次听到一个年轻妇女一连唱败了三个对手，逼得对方哑口无言，于是轻轻的打了个吆喝，表示胜利结束，从荆条丛中站起身子，理理发，拍拍绣花围裙上的灰土，向大家笑笑，意思像是说："你们看，我唱赢了"，显得轻松快乐，拉着同行女伴，走过江米酒担子边解口渴去了。

这种年轻女人在昆明附近村子中多的是。性情明朗活泼，劳动手脚勤快，生长得一张黑中透红枣子脸，满口白白的糯米牙，穿了身毛蓝布衣裤，腰间围了个钉满小银片扣花葱绿布围裙，脚下穿双云南乡下特有的绣花透孔鞋，油光光辫发盘在头上。不仅唱歌十分在行，大年初一和同伴各个村子里去打秋千，用马皮做成三丈来长的秋千条，悬挂在高树上，蹬个十来下就可平梁，还悠游自在若无其事！

在昆明乡下，一年四季早晚，本来都可以听到各种美妙有情的歌声。由呈贡赶火车进城，向例得骑一匹老马，慢吞吞的走十里路。有时赶车不及还得原骑退回。这条路得通过些果树林、柞木林、竹子林和几个有大半年开满杂花的小山坡。马上一面欣赏土坎边的粉蓝色报春花，在轻和微风里不住点头，总令人疑心那个蓝色竟像是有意模仿天空而成的。一面就听各种山鸟呼朋唤侣，和身边前后三三五五赶马女孩子唱的各种本地悦耳好听山歌。有时面前三五步路旁边，忽然出现个花茸茸的戴胜鸟，蠢起头顶花冠，瞪着个油亮亮的眼睛，好像对于唱歌也发生了兴趣，征询我的意见，经赶马女孩子一喝，才扑着翅膀掠地飞去。这种鸟大白天照例十分沉默，可是每在晨光熹微中，却欢喜坐在人家屋脊上,"郭公郭公"反复叫个不停。最有意思的是云雀,时常从面前不远草丛中起飞,扶摇盘旋而上,一面不住唱歌,向碧蓝天空中钻去。仿佛要一直钻透蓝空。伏在草丛中的云雀群,却带点鼓励意思相互应和。直到穷目力看不见后,忽然又像个小流星一样,用极快速度下坠到草丛中,和其他同伴会合,于是另外几只云雀又接着起飞。赶马女孩子年纪多不过十四五岁,嗓子通常并没经过训练,有的还发哑带沙,可是在这种环境气氛里,出口自然,不论唱什么,都充满一种淳朴本色美。

大伙儿唱得最热闹的叫"金满斗会",有一次由村子里人发起举行,到时候住处院子两楼和那道长长屋廊下,集合了乡村男女老幼百多人,六人围坐一桌,足足坐满了三十来张矮方桌,每桌各自轮流低声唱《十二月花》,和其他本地好听曲子。声音虽极其轻柔,合起来却如一片松涛,在微风荡动中舒卷张弛不定,有点龙吟凤哕意味。仅是这个唱法就极其有意思。唱和相续,一连三天才散场。来会的妇女占多数,和逢年过节差不多,一身收拾得清洁索利,头上手中到处是银光闪闪,使人不敢认识。我以一个客人身份挨桌看去,很多人都像面善,可叫不出名字。随后才想起这里是村子口摆小摊卖酸泡梨的,那里有城门边挑水洗衣的,此外打铁箍桶的工匠,小杂货商店的管事,乡村土医生和阉鸡匠,更多的自然是赶马女孩子和不同年龄的农民和四处飘乡趁集卖针线花样的老太婆,原来熟人真不少!集会表面说辟疫免灾,主要作用还是传歌。由老一代把记忆中充满智慧和热情东西,全部传给下一辈。反复唱下去,到大家熟习为止。因此在场年老人格外兴奋活跃,经常每桌轮流走动。主要作用既然在照规矩传歌,不问唱什么都不犯忌讳。就中最当行出色是一个吹鼓手,年纪已过七十,牙齿早脱光了,却能十分热情整本整套的唱下去。除爱情故事,此外嘲烟鬼、骂财主,样样在行,真像是一个"歌库"。这种人在我们家乡则叫作歌师傅。小时候常听老太婆口头语，"十年难逢金满斗"，意思是盛会难逢，参加后才知道原来如此。

同是唱歌，另外有种抒情气氛，而且背景也格外明朗美好，即跑马节跑马山下举行的那种会歌。

西南原是诗歌的家乡，我所听到的不过是极小范围内一部分而已。解放后人民自己当家作主，生活日益美好，心情也必然格外欢畅，新一代歌手，都一定比三五十年前更加活泼和热情。唱歌选手兼劳动模范，不是五朵金花，应当是万朵金花！

灯节的灯

元宵节主要是观灯。观灯成为一种制度，比较正确的记载，实起始于唐初，发展于两宋，来源则出于汉代燃灯祀太乙。灯事迟早不一，有的由十四到十六，有的又由十五到十九。"灯市"得名并扩大作用，也是从宋代起始。论灯景壮丽，过去多以为无过唐宋。笔记小说记载，大都说宫廷中和贵族戚里灯彩奢侈华美的情况。

观灯有"灯市"，唐人笔记虽记载过，正式举行还是从北宋汴梁起始，南宋临安续有发展，明代则集中在北京东华门大街以东八面槽一带。从《东京梦华录》和其他记述，得知宋代灯市计五天，由十五到十九。事先必搭一座高达数丈的"鳌山灯棚"，上面布置各种灯彩，燃灯数万盏。封建皇帝到这一天，照例坐了一顶敞轿，由几个得力太监抬着，倒退行进，名叫"鹁鸽旋"，便于四面看人观灯。又或叫几个游人上前，打发一点酒食，旧戏中常用的"金杯赐酒"即由之而来。说的虽是"与民同乐"，事实上不过是这个皇帝久闭深宫，十分寂寞无聊，大臣们出些巧主意，哄着他开心遣闷而已。宋人笔记同时还记下许多灯彩名目，"琉璃灯"可说是新品种，不仅在富贵人家出现，商店中也起始用它来招引主顾，光如满月。"万眼罗"则用红白纱罗拼凑而成。至于灯棚和各种灯球的式样，有《宋人观灯图》和《宋人百子闹元宵图》，还为我们留下些形象材料。由此得知，明清以来反映到画幅上如《金瓶梅》《宣和遗事》和《水浒传》插图中种种灯景，和其他工艺品——特别是保留到明清锦绣图案中，百十种极其精美好看旁缀珠玉流苏的多面球形灯，基本上大都还是宋代传下来的式样。另外画幅上许多种鱼、龙、鹤、凤、巧作灯、儿童竹马灯、在地下旋转不停的滚灯，也由宋代传来。宋代"琉璃灯"和"万眼罗"，明代的"金鱼注水灯"，和用千百蛋壳做成的巧作灯，用冰做成的冰灯，式样作法虽已难详悉，至于明代有代表性实用新品种，"明角灯"和"料丝灯"，实物还有遗存的。历史博物馆又还有个明代宫中行乐图，画的是宫中过年情形，留下许多好看宫灯式样。上面还有个松柏枝扎成挂八仙庆寿的鳌山灯棚，及灯节中各种杂剧活动，焰火燃放情况，并且还有一个乐队，一个"百蛮进宝队"，几个骑竹马灯演《三战吕布》戏文故事场面，画出好些明代北京民间灯节风俗面貌。货郎担推的小车，还和宋元人画的货郎图差不多，车上满挂各种小玩具和灯彩，货郎作一般小商人装束。照明人笔记说，这种种却是专为宫廷娱乐仿照市上风光预备的。

新的时代灯节已完全为人民所有，作灯器材也大不同过去，对于灯的要求又有了基本改变，节日即或依旧照时令举行，意义已大不相同了。

古代灯节不只是正月元宵，七月的中元，八月的中秋，也常有灯事。新中国成立后，则五一劳动节和十一国庆节，全国各处都无不有盛会庆祝。天安门前广场和人民大会堂的节日灯景，应说是极尽人间壮观。不仅是历史上少见，更重要还是人民亲手创造，又真正同享共有这一切。

关于天安门节日的灯火，已经有了许多好文章好报导。另外我记得特别亲切的，却是前后四个月施工期间，广场中那一片辉煌灯火。因为首都所有机关工作同志和万千市民，都曾经热情兴奋在灯火下，和工人、农民、解放军一道，为这个有历史性的广场和两旁宏伟建筑出过一把力。

从个人经验来说，新中国成立后另外还有许多灯景，也这么具有历史意义，给我以深刻难忘印象。比如十三陵水库大坝落成前夕的灯，就是其中之一。

在修建这个水库时，我和作家协会几个同志前后曾到过四次：第一次是初步开工，指挥所还设在山脚一个小村子里。第二次已开始在挖底，指挥所移到了大坝前小孤山。第四次是落成前一星期，大家正分别住在工地附近帐篷中，天气热得出奇。每天早晚除分别拜访劳动模范，照例必去工地看看工程进展。前一天还眼见各处是大小不一的土石堆，各处是搬运土石的车辆和人流，空中到处牵满了电线，地面到处有水管纵横。堤坝下边长链条的运石子机、拌和水泥机，和堤上压路机、起重机，轰轰隆隆的响成一片。大坝虽在不断增高，到处都似乎还乱乱的，不像十天半月能完工。这天晚上我和几个同志又去看看时，才大吃一惊，原来不过一天工夫，工地全部已变了样子。所有机器全部不见了，一切土石堆打扫得干干净净、平平整整像个公园一样。堤坝下空落落的，堤坝上也无一个人，整个环境静得出奇。天上星月嵌在宁静蓝空中，也像是大了近了许多。正当我们到达坝上时，忽然间大坝下广场里十二万盏五色电灯齐明，让我们仿佛突然进到一个童话仙境里一般。我们就浮在这个闪烁不定的星海上，直到半夜。这种神奇动人的灯景，实在不是任何另外一时其他灯景能够代替的。第二天晚上，正式举行庆祝落成典礼时，约有二十万工人、农民和解放军及三百来个专业文艺团体及其他民间文艺队伍参加，在灯光下进行联欢演出。我们先是在堤坝上看了许久，随后又到堤下人丛中各处挤去。灯光下种种动人景象，也是无从让别的灯景代替的。十多年来，国家基本建设在全国范围内进行，亿万人民在党领导下完成了数不清的水库、桥梁、工厂、学校、万千座高楼大厦，每次欢庆落成典礼时，都必然有同样热烈的庆祝大会在灯火烛天热闹光景下举行，身预其事的人，一定怀着和我们差不多的感情，留在记忆中的灯景，想忘记也忘记不了！

前年岁暮年末，我和作家协会几个同志，在革命圣地井冈山茨坪参观访问，正赶上青年干部下放参加山区建设四周年纪念日。这几百个年轻同志，都是四年前离开学校，响应党的号召，来自全国各地，上山建设新山区的新型知识分子，其中女性且占一半。此外还有井冈歌舞团全体，和来自瓷都景德镇的歌舞团全体。管理局朱局长，却生长在附近山村里，十多岁就参加了工农红军，跟随毛主席万里长征，现在又重新上山，领导青年建设新山区。八百多公尺高的茨坪，过去不到二十户人家，近来已有三十多座大小楼房。新落成的七层大厦，依山据胜，远望常在云雾中的井冈山顶峰，青碧明灭，变幻不测，近接群峰，如相互揖让。礼堂在革命博物馆附近，灯光下一个个年轻健康红润的脸孔，无不见出活泼中的坚韧，对于改变山区面貌，具有克服困难完成工作的信心。四年来这些青年和当地人民、解放军战士一道参加公路、水电站及其他开荒生产建设取得的成就，和自我思想改造的成就，都十分显明。大会结束后，我们和歌舞团一群青年朋友回转招待所时，天已落了大雪，远近一片白蒙蒙。一面走一面想起红军刚上山来种种情形。在这种光景下，把国家过去、当前和未来贯串起来，一切景象给我的教育意义，真是格外深长。这种灯景也是我一生难忘的。

由于解放后有机会看到过这么一些背景各不相同壮丽庄严的灯

景，从这些灯景中体会出国家在中国共产党的领导下，亿万人民真正当家作主后，通过有计划、有组织、有目的的长期劳动，如何在迅速改变整个国家的面貌。社会不断前进，而灯节灯景也越来越宏伟辉煌，并且赋以各种不同深刻意义。回过头来看看半世纪前另外一些小地方年节风俗，和规模极小的灯节灯景，就真像是回到一个极其古老的历史故事里去了。

我生长家乡是湘西边上一个居民不到一万户口的小县城，但是狮子龙灯焰火，半世纪前在湘西各县却极著名。逢年过节，各街坊多有自己的灯。由初一到十二叫"送灯"，只是全城敲锣打鼓各处玩去。白天多大锣大鼓在桥头上表演戏水，或在八九张方桌上盘旋上下。晚上则在灯火下玩蚌壳精，用细乐伴奏。十三到十五叫"烧灯"，主要比赛转到另一方面，看谁家焰火出众超群。我照例凭顽童资格，和百十个大小顽童，追随队伍城厢内外各处走去，和大伙在炮仗焰火中消磨。玩灯的不仅要气力，还得要勇敢，为表示英雄无畏，每当场坪中焰火上升时，白光直泻数丈，有的还大吼如雷，这些人却不管是"震天雷"还是"猛虎下山"，照例得赤膊上阵，迎面奋勇而前。我们年纪小，还无资格参预这种剧烈活动，只能趁热闹在旁呐喊助威。有时自告奋勇帮忙，许可拿个松明火炬或者背背鼓，已算是运气不坏。因为始终能跟随队伍走，马不离群，直到天快发白，大家都烧得个焦头烂额，精疲力尽。队伍中附随着老渔翁和蚌壳精的，蚌壳精向例多选十二三岁面目俊秀姣好男孩子充当，老渔翁白须白发也假得俨然，这时节都现了原形，狼狈可笑。乐队鼓笛也常有气无力板眼散乱的随意敲打着。有时为振作大伙精神，乐队中忽然又悠悠扬扬吹起"踹八板"来，狮子耳朵只那么摇动几下，老渔翁和蚌壳精即或得应着鼓笛节奏，当街随意兜两个圈子，不到终曲照例就瘫下来，惹得大家好笑！最后集中到个会馆前点验家伙散场时，正街上江西人开的南货店、布店，福建人开的烟铺，已经放鞭炮烧开门纸迎财神，家住对河的年轻苗族女人，也挑着豆豉萝卜丝担子上街叫卖了。

有了这个玩灯烧灯经验底子，长大后读宋代咏灯节灯事的诗词，便觉得相当面熟，体会也比较深刻。例如吴文英[1]作的《玉楼春》词上半阕：

> 茸茸狸帽遮梅额，金蝉罗剪胡衫窄，
> 乘肩争看小腰身，倦态强随闲鼓拍。

写的虽是八百年前元夜所见，一个小小乐舞队年轻女子，在夜半灯火阑珊兴尽归来时的情形，和半世纪前我的见闻竟相差不太多。因为那八百年虽经过元明清三个朝代，只是政体转移，社会变化却不太大。至于解放后虽不过十多年，社会却已起了根本变化，我那点儿时经验，事实上便完全成了历史陈迹，一种过去社会的风俗画。边远小地方年轻人，或者还能有些相似而不同经验，可以印证，生长于大都市见多识广的年轻人，倒反而已不大容易想象种种情形了。

---

①吴文英，南宋词人。

忆翔鹤

———

二十年代前期同在北京
我们一段生活的点点滴滴

一九二三年秋天，我到北京已约一年，住在前门外杨梅竹斜街"酉西会馆"侧屋一间既湿且霉的小小房间中，看我能看的一些小书，和另外那本包罗万有用人事写成的"大书"，日子过得十分艰苦，却对未来充满希望。可是经常来到会馆看望我的一个表弟，先我两年到北京的农业大学学生，却担心我独住在会馆里，时间久了不是个办法。特意在沙滩附近银闸胡同一个公寓里，为我找到一个小小房间，并介绍些朋友，用意是让我在新环境里多接近些文化和文化人，减少一点寂寞，心情会开朗些。住处原是个贮煤间。因为受"五四"影响，来京穷学生日多，掌柜的把这个贮煤间加以改造，临时开个窗口，纵横钉上四根细木条，用高丽纸糊好，搁上一个小小写字桌，装上一扇旧门，让我这么一个体重不到一百磅的乡下佬住下。我为这个仅可容膝安身处，取了一个既符合实际又略带穷秀才酸味的名称，"窄而霉小斋"，就泰然坦然住下来了。生活虽还近于无望无助的悬在空中，气概倒很好，从不感到消沉气馁。给朋友印象，且可说生气虎虎，憨劲十足。主要原因，除了我在军队中照严格等级制度，由班长到军长约四十级的什么长，具体压在我头上心上的沉重分量已完全摆脱，且明确意识到是在真正十分自由的处理我的当前，并创造我的未来。此外还有三根坚固结实支柱共同支撑住了我,即"朋友""环境"和"社会风气"。

原来一年中,我先后在农业大学、燕京大学和北京大学,就相熟了约三十个人。农大的多属湖南同乡。两间宿舍共有十二个床位,只住下八个学生,共同自办伙食,生活中充满了家庭空气。当时应考学农业的并不多,每月既有二十五元公费,学校对学生还特别优待。农场的蔬菜瓜果,秋收时,每一学生都有一份。实验农场大白菜品种特别好,每年每人可分一二百斤,一齐埋在宿舍前砂地里。千八百斤大卷心菜,足够三四个月消费。新引进的台湾种矮脚白鸡,用特配饲料喂养。下蛋特别勤,园艺系学生,也可用比市场减半价钱,每月分配一定分量。我因表弟在农大读书,早经常成为不速之客,留下住宿三五天是常有事。还记得有一次雪后天晴,和郁达夫先生、陈翔鹤、赵其文共同踏雪出平则门,一直走到罗道庄,在学校吃了一顿饭,大家都十分满意开心。因为上桌的菜有来自苗乡山城的鹌鹑和胡葱酸菜,新化的菌子油,汉寿石门的风鸡风鱼,在北京任何饭馆里都吃不到的全上了桌子。

这八个同乡不久毕业回转家乡后,正值北伐成功,因此其中六个人,都成了县农会主席,过了一阵不易设想充满希望的兴奋热闹日子,"马日事变"倏然而来,便在军阀屠刀下一同牺牲了。

第二部分朋友是老燕京大学的学生。当时校址还在盔甲厂,由认识董景天(即董秋斯)开始。董原来正当选学生会主席,照习惯,即兼任校长室的秘书。初到他学校拜访时,就睡在他独住小楼地板上,天上地下谈了一整夜。第二天他已有点招架不住,我还若无其事。到晚上又继续谈下去,一直三夜,把他几乎拖垮,但他对我却已感到极大兴趣,十分满意。于是由董景天介绍先后认识了张采真、司徒乔、刘廷蔚、顾千里、韦丛芜、于成泽、焦菊隐、刘潜初、樊海珊等人。燕大虽是个教会大学,可是学生活动也得到较大便利。当北伐军到达武汉时，这些朋友多已在武汉工作。不久国共分裂，部分还参加了广州暴动，牺牲了一半人。活着的陆续逃回上海租界潜伏待时。一九二八——二九年左右，在景天家中，我还有机会见到张采真、刘潜初等五六人多次，谈了不少武汉前后情况，和广州暴动失败种种。（和斯沫特莱①相识，也是在董家。）随后不久，这些朋友就又离开了上海，各以不同灾难成了"古人"。解放后，唯一还过从的，只剩下董景天一人。我们友谊始终极好。我在工作中的点滴成就，都使他特别高兴。他译的托尔斯泰名著，每一种印出时，必把错字一一改正后，给我一册作为纪念。不幸在我一九七一年从湖北干校回京时，董已因病故去二三月了。真是良友云亡，令人心痛。

　　第三部分朋友，即迁居沙滩附近小公寓后不多久就相熟了许多搞文学的朋友。湖南人有刘梦苇、黎锦明、王三辛……四川人有陈炜谟、赵其文、陈翔鹤，相处既近，接触机会也更多。几个人且经常同在沙滩附近小饭店共食。就中一部分是北大正式学生，一部分和我情形相近，受了点"五四"影响，来到北京，为继续接受文学革命熏陶，引起了一点幻想童心，有所探索有所期待而来的。当时这种年轻人在红楼附近地区住下，比住东西二斋的正规学生大致还多数倍。有短短时期就失望离开的，也有一住三年五载的，有的对于文学社团发生兴趣，有的始终是单干户。共同影响到三十年代中国新文学，各有不同成就。

　　近人谈当时北大校长蔡元培先生的伟大处时，多只赞美他提倡的"学术自由"，选择教师不拘一格，能兼容并包，具有远见与博识。可极少注意过学术思想开放以外，同时对学校大门也全面敞开，学校听课十分自由，影响实格外深刻而广泛。这种学习方面的方便，以红楼

---

　　① 斯沫特莱，即美国记者史沫特莱。

为中心,几十个大小公寓,所形成的活泼文化学术空气,不仅国内少有,即在北京别的学校也稀见。谈二十世纪二十年代北大学术上的自由空气,必需肯定学校大门敞开的办法,不仅促进了北方文学的成就,更酝酿储蓄了一种社会动力,影响到后来社会的发展。因为当时"五四"虽成了尾声,几个报纸副刊,几个此兴彼起的文学新社团,和大小文学刊物,都由于学生来自全国,刊物因之分布面广,也具有全国性。

我就是在这时节和翔鹤及另外几个朋友相识,而且比较往来亲密的。记得炜谟当时是北大英文系高材生,特别受学校几位名教师推重,性格比较内向,兴趣偏于研究翻译,对我却十分殷勤体贴。其文则长于办事,后来我在《现代评论》当发报员时,其文已担任经理会计一类职务。翔鹤住中老胡同,经济条件似较一般朋友好些,房中好几个书架,中外文书籍都比较多,新旧书分别搁放,清理得十分整齐。兴趣偏于新旧文学的欣赏,对创作兴趣却不大。三人在人生经验和学识上,都比我成熟得多,但对于社会这本"大书"的阅读,可都不如我接触面广阔,也不如我那么注意认真仔细。正因为我们性情经历上不同处,在相互补充情下,大家不只谈得来,且相处极好。我和翔鹤同另外一些朋友就活在二十年代前期,这么一个范围窄狭生活中,各凭自己不同机会、不同客观条件和主观愿望,接受所能得到的一份教育,也影响到后来各自不同的发展,有些近于离奇不经的偶然性,有些又若有个规律,可以于事后贯串起来成一条线索,明白一部分却近于必然性。

因为特别机会,一九二五——二六年间,我在香山慈幼院图书馆作了个小职员,住在香山饭店前山门新宿舍里。住处原本是清初泥塑四大天王所占据,香山寺既改成香山饭店,学生用破除迷信为理由,把彩塑天王捣毁后,由学校改成几间单身职员临时宿舍。别的职员因为上下极不方便,多不乐意搬到那个宿舍去。我算是第一个搬进的活人。翔鹤从我信中知道这新住处奇特环境后，不久就充满兴趣，骑了毛驴到颐和园，换了一匹小毛驴，上香山来寻幽访胜，成了我住处的客人，在那简陋宿舍中，和我同过了三天不易忘却的日子。双清那个悬空行宫虽还有活人住下，平时照例只两个花匠看守。香山饭店已油漆一新，挂了营业牌子，当时除了四个白衣伙计管理灯水，还并无一个客人。半山亭近旁一系列院落，泥菩萨去掉后，到处一片空虚荒凉，白日里也时有狐兔出没，正和《聊斋志异》故事情景相通。我住处门外下一段陡石阶，就到了那两株著名的大松树旁边。我们在那两株"听法松"边畅谈了三天。每谈到半晚，四下一片特有的静寂，清冷月光从松枝间筛下细碎影子到两人身上，使人完全忘了尘世的纷扰，但也不免鬼气阴森，给我们留下个清幽绝伦的印象。所以经过半个世纪，还明明朗朗留在记忆中，不易忘却。解放后不久，翔鹤由四川来北京工作，我们第一次相见，提及香山旧事，他还记得我曾在大松树前，抱了一面琵琶，为他弹过"梵王宫"曲子。大约因为初学，他说，弹得可真蹩脚，听来不成个腔调，远不如陶潜①挥"无弦琴"有意思。我只依稀记得有这么一件乐器，至于曲调，大致还是从刘天华先生处间接学来的。这件乐器，它的来处和去踪，可通通忘了。

翔鹤在香山那几天，我还记得，早晚吃喝，全由我下山从慈幼院大厨房取来，只是几个粗面冷馒头，一碟水疙瘩咸菜。饮水是从香山饭店借用个洋铁壶打来的。早上洗脸，也照我平时马虎应差习惯，若不是从"双清"旁山溪沟里，就那一线细流，用搪瓷茶缸慢慢舀到盆里，就得下山约走五十级陡峻石台阶，到山半腰那个小池塘旁石龙头口流水处，挹取活泉水对付过去。一切都简陋草率得可笑惊人。一面是穷，

---

① 陶潜，即陶渊明。

我还不曾学会在饮食生活上有所安排，使生活过得像样些。另一面是环境的清幽离奇处，早晚空气都充满了松树的香味，和间或由双清那个荷塘飘来的荷花淡香。主客间所以都并不感觉到什么歉仄或生活上的不便，反而觉得充满了难得的野趣，真是十分欢快。使我深一层认识到，生长于大都市的翔鹤，出于性情上的熏染，受陶渊明、嵇康作品中反映的洒脱离俗影响实已较深；和我来自乡下，虽不欢喜城市却并不厌恶城市，入城虽再久又永远还像乡巴佬的情形，心情上似同实异的差别。因此正当他羡慕我的新居环境像个"洞天福地"，我新的工作从任何方面说来也是难得的幸运时，我却过不多久，又不声不响，抛下了这个燕京二十八景之一的两株八百年老松树，且并不曾正式向顶头上司告别，就挟了一小网篮破书，一口气跑到静宜园宫门口，雇了个秀眼小毛驴，下了山，和当年鲁智深一样，返回了"人间"。依旧在那个公寓小窝里，过我那种前路茫茫穷学生生活了。生活上虽依旧毫无把握，情绪上却自以为又得到完全自由独立，继续进行我第一阶段的自我教育。一面阅读我所能到手用不同文体写成的新旧文学作品，另一面更充满热情和耐心，来阅读用人事组成的那本内容无比丰富充实的"大书"了。在风雨中颠簸生长的草木，必然比在温室荫蔽中培育的更结实强健。对我而言，也更切合实际。个人在生活处理上，或许一生将是个永远彻底败北者，但在工作上的坚持和韧性，半个世纪来，还想对得起这个生命。这种坚毅持久、不以一时成败得失而改型走样，自然包括有每一阶段一些年岁较长的友好，由于对我有较深认识、理解而产生无限同情和支持密切相关。回溯半世纪前第一阶段的生活和学习，炜谟、其文和翔鹤的影响，显明在我生长过程中，都占据一定位置。我此后工作积累点滴成就，都和这份友谊分不开。换句话说，我的工做成就里，都浸透有几个朋友淡而持久古典友谊素朴性情人格一部分。后来生活随同社会发展中，经常陷于无可奈何情形下，始终能具一种希望信心和力量，倒下了又复站起，当十年浩劫及身时，在湖北双溪，某一时血压高达二百五十度，心目还不眩瞀失去节度，总还觉得人生百年长勤，死者完事，生者却宜有以自励。一息尚存，即有责任待尽！这些故人在我的印象温习中，总使我感觉到生命里便回复了一种力量和信心。所以翔鹤虽在十年浩劫中被折磨死去了，在我印象中，却还依旧完全是个富有生气的活人。

我所见到的司徒乔先生

我初次见司徒乔先生，是在半个世纪以前。记得约在一九二三年，我刚到北京的第二年，带着我的那份乡下人模样和一份求知的欲望，和燕京大学的一些学生开始了交往。最熟的是董景天，可说是最早欣赏我的好友之一人。常见的还有张采真、焦菊隐、顾千里、刘潜初、韦丛芜、刘廷蔚等等。当时的燕京大学校址在盔甲厂。一次，在董景天的宿舍里我见到了司徒乔。他穿件蓝卡机布旧风衣，随随便便的，衣襟上留着些油画色彩染上的斑斑点点，样子和塞拉西皇帝有些相通处。这种素朴与当时燕京的环境可不大协调，因为洋大学生是多半穿着洋服的。若习文学，有的还经常把一只手插在大衣襟缝中做成拜伦诗人神气。还有更可笑处，就是只预备写诗，已印好了加有边款"××诗稿"信笺的这种诗人。我被邀请到他的宿舍去看画。房中墙上，桌上，这里，那里，到处是画，是他的素描速写。我没受过西洋画训练，不敢妄加评论。静物写生，我没有兴趣，却十分注意他的人物速写。那些实实在在、平凡、普通、底层百姓的形象，与我记忆中活跃着的家乡人民有些相像又有些不同，但我感到亲切，感到特别大的兴趣，因为他"所画"的正是我"想写"的旧社会中所谓极平常的"下等人"。第一次见面，司徒乔给我的印象就极好。我喜欢他为人素朴，我还喜欢他墙上桌上的那些画。

　　不久，一九二四年大革命爆发，燕京中熟人不少参加革命去了武汉、广州。我却仍在北京过那种不易生活的"职业作家"的生活。他们来信邀我去武汉，我当时工作刚刚打下基础，以为去上海或许更合适一些。到一九二八、二九年间，因国共破裂，武汉局势动荡极大，不少熟人没有在这种白色大恐怖中牺牲的，多陆续来到上海聚合了。在重聚的人中，除董景天、张采真等，还有司徒乔。这位年轻的画家，仍然是那个素朴的样子，他为我们带回了不少作品。对他的人和画，一九二八年我在《司徒乔君吃的亏》一文中曾写道：

　　　　此时的中国，各样的艺术，莫不是充满了权势，虚伪，投机取巧的种种成分，哪里容得下所谓诚实？……
　　　　在一种无望无助中，他把每一个日子都耗费到为长于应世的"高明人"所不为的实际努力下了。没有颜料则用油去剥洗锡管中剩余红绿，没有画布则想法子用所有可当的衣物去换取，仍然做成了许多很好的作品，这傻处是我想介绍给大家知道的。我们若相信一个好的时代会快来，要这时代迈开脚步走近我们，在艺术上就似乎还需要许多这样傻子，才配合得上时代需要！
　　　　一种了解，一种认识，从了解与认识中产生出一点儿真实同情，从了解与认识中得到一点儿愉快，这在他，是已算很满意了！

　　因为那时的上海"艺术家"，多流行长头发、黑西服、大红领结，以效仿法国派头为时髦乐事。艺术家还必须得善交际，会活动，才吃得开。司徒乔的素朴与这种流行风尚不免格格不入。我却推崇他的实践态度，以为难得可贵。在我看来，文学与绘画是同样需要这种素朴诚实，不装模作样，不自外于普通人的生活，才能取得应有进展的。

我对司徒乔已不仅是喜欢，而是十分钦佩了。

一九三三年我从青岛大学到北京工作，又有机会见到了司徒乔先生。当时他住在什刹海冰窖胡同，已经结婚。经过社会的大动荡，重又相见，彼此感觉格外亲热。谈话间自然要欣赏他的新作。生活虽从无安定，他的画却已愈见成熟。不久他就主动提出要为我画张像，留个纪念，约好在北海"仿膳"一个角落作画。到时他果然带了画具赴约，一连三个半天，他极认真地为我画了张二尺来高半身肖像。是粉彩画。朋友们都说画得好，不仅画得极像，且十分传神。他自己也相当满意，且说，此生为泰戈尔画过像，为周氏兄弟画过像，都感到满意，此像为第四回满意之作。他的热情令我感动，这幅肖像成为一件纪念品，好好保存在我的身边。

卢沟桥事变后，清华、北大、南开组成西南联大，在昆明集中。司徒乔先生为我画的肖像随同我到了昆明，整整八年，抗战胜利后，我随北大迁回北京，仍旧带着这幅十分珍贵的画像。听说司徒乔先生也回到了北京，在西郊卧佛寺附近买了所小小的画室。我和家中人去拜访他，见到了相隔十多年的老友和他这段时期的许多作品。给我印象最深处，是他还始终保持着原来的素朴、勤恳的工作态度。他不声不响的，十分严肃的把自己当成人民中的一员去接近群众，去描绘现实生活中被压迫的底层人物，代他们向那个旧社会提出无言的控诉。他依旧保留着他的诚实和素朴。这诚实，这素朴，却是多年来一直为我所钦佩和赞赏的。而在同时"艺术家"中，却近于稀有少见的品质。

司徒乔先生经历了无数挫折，到了可以好好为他热爱的祖国人民作画的新社会，却过早地被病魔夺去了生命。他为我画的肖像，在"文化大革命"中也失去了！永远不会失去的，将是许多崇敬喜爱他的人对他的记忆！他的工作态度既曾经影响到我的工作，也还必将为更多的人所学习。他在世时从没有过什么得意处，也没有赫赫显要的名声，但他虽死犹生。他给我的最初印象至今还不曾淡漠，永远不会淡漠的！

友　情

一九八〇年十一月，我初次在美国哥伦比亚大学一个小型的演讲会讲话后，就向一位教授打听在哥大教中文多年的老友王际真先生的情况，很想去看看他。际真曾主持哥大中文系达二十年，那个系的基础，原是由他奠定的。即以《红楼梦》一书研究而言，他就是把这部十八世纪中国著名小说节译本介绍给美国读者的第一人。人家告诉我，他已退休二十年了，独自一人住在大学附近一个退休教授公寓三楼中。后来又听另外人说，他的妻不幸早逝，因此人很孤僻，长年把自己关在寓所楼上，既极少出门见人，也从不接受任何人的拜访，是个古怪老人。

　　我和际真认识，是在一九二八年。那年他由美返国，将回山东探亲，路过上海，由徐志摩先生介绍我们认识的。此后曾继续通信。我每次出了新书，就给他寄一本去。我不识英语，当时寄信用的信封，全部是他写好由美国寄我的。一九二九年到一九三一年间，我和一个朋友生活上遭到意外困难时，还前后得到他不少帮助。际真长我六七岁，我们一别五十余年，真想看看这位老大哥，同他叙叙半世纪隔离彼此不同的情况。因此回到新港我姨妹家不久，就给他写了个信，说我这次到美国，很希望见到几个多年不见的旧友，如邓嗣禹、房兆楹和他本人。准备去纽约专诚拜访。

回信说，在报上已见到我来美消息。目前彼此都老了，丑了，为保有过去年轻时节印象，不见面还好些。果然有些古怪。但我想，际真长期过着极端孤寂的生活，是不是有一般人难于理解的隐衷？且一般人所谓"怪"，或许倒正是目下认为活得"健康正常人"中业已消失无余的稀有难得的品质。

虽然回信像并不乐意和我们见面，我们——兆和、充和、傅汉思和我，曾两次电话相约两度按时到他家拜访。

第一次一到他家，兆和、充和即刻就在厨房忙起来了。尽管他连连声称厨房不许外人插手，还是为他把一切洗得干干净净。到把我们带来的午饭安排上桌时，他却承认做得很好。他已经八十五六岁了，身体精神看来还不错。我们随便谈下去，谈得很愉快。他仍然保有山东人那种爽直淳厚气质。使我惊讶的是，他竟忽然从抽屉里取出我的两本旧作，《鸭子》和《神巫之爱》！那是我二十年代中早期习作，《鸭子》还是我出的第一个综合性集子。这两本早年旧作，不仅北京上海旧书店已多年绝迹，连香港翻印本也不曾见到。书已经破旧不堪，封面脱落了，由于年代过久，书页变黄了，脆了，翻动时，碎片碎屑直往下掉。可是，能在万里之外的美国，见到自己早年不成熟不像样子的作品，还被一个古怪老人保存到现在，这是难以理解的，这感情是深刻动人的！

谈了一会儿，他忽然又从什么地方取出一束信来，那是我在一九二八到一九三一年写给他的。翻阅这些五十年前的旧信，它们把我带回到二十年代末期那段岁月里，令人十分怅惘。其中一页最最简短的，便是这封我向他报告志摩遇难的信：

际真：志摩十一月十九日十一点三十五分乘飞机撞死于济

南附近"开山"。飞机随即焚烧，故二司机成焦炭。志摩衣已尽焚去，全身颜色尚如生人，头部一大洞，左臂折断，左腿折碎，照情形看来，当系飞机坠地前人即已毙命。二十一此间接到电后，二十二我赶到济南，见其破碎遗骸，停于一小庙中。时尚有梁思成等从北平赶来，张嘉铸从上海赶来，郭有守从南京赶来。二十二晚棺木运南京转上海，或者尚葬他家乡。我现在刚从济南回来，时〔一九三一年十一月〕二十三早晨。

那是我从济南刚刚回青岛，即刻给他写的。志摩先生是我们友谊的桥梁，纵然是痛剜人心的噩耗，我不能不及时告诉他。

如今这个才气横溢光芒四射的诗人辞世整整有了五十年。当时一切情形，保留在我印象中还极其清楚。

那时我正在青岛大学中文系教点书。十一月二十一日下午，文学院几个比较相熟的朋友，正在校长杨振声先生家吃茶谈天，忽然接到北平一个急电。电中只说志摩在济南不幸遇难，北平、南京、上海亲友某某将于二十二日在济南齐鲁大学朱经农校长处会齐。电报来得过于突兀，人人无不感到惊愕。我当时表示，想搭夜车去济南看看，大家认为很好。第二天一早车抵济南，我赶到齐鲁大学，由北平赶来的张奚若、金岳霖、梁思成诸先生也刚好到达。过不多久又见到上海来的张嘉铸先生和穿了一身孝服的志摩先生的长子，以及从南京来的张慰慈、郭有守两先生。

随即听到受上海方面嘱托为志摩先生料理丧事的陈先生谈遇难经过，才明白出事地点叫"开山"，本地人叫"白马山"。山高不会过一百米。京浦车从山下经过，有个小站可不停车。飞机是每天飞行的邮航班机，平时不售客票，但后舱邮包间空处，有特别票仍可带一人。那日由南京起飞时气候正常，因济南附近大雾迷途，无从下降，在市空盘旋多时，最后撞在白马山半斜坡上起火焚烧。消息到达南京邮航总局，才知道志摩先生正在机上。灵柩暂停城里一个小庙中。

早饭后，大家就去城里偏街瞻看志摩先生遗容。那天正值落雨，雨渐落渐大，到达小庙时，附近地面已全是泥浆。原来这停灵小庙，已成为个出售日用陶器的堆店。院坪中分门别类搁满了大大小小的缸、罐、沙锅和土碗，堆叠得高可齐人。庙里面也满是较小的坛坛罐罐。棺木停放在入门左侧贴墙处，像是临时腾出来的一点空间，只容三五人在棺边周旋。

志摩先生已换上济南市面所能得到的一套上等寿衣：戴了顶瓜皮小帽，穿了件浅蓝色绸袍，外加个黑纱马褂，脚下是一双粉底黑色云头如意寿字鞋。遗容见不出痛苦痕迹，如平常熟睡时情形，十分安详。致命伤显然是飞机触山那一刹那间促成的。从北京来的朋友，带来个用铁树叶编成径尺大小花圈，如古希腊雕刻中常见的式样，一望而知必出于志摩先生生前好友思成夫妇之手。把花圈安置在棺盖上，朋友们不禁想到，平时生龙活虎般、天真淳厚、才华惊世的一代诗人，竟真如"为天所忌"，和拜伦、雪莱命运相似，仅只在人间活了三十多个年头，就突然在一次偶然事故中与世长辞！志摩穿了这么一身与平时性情爱好全然不相称的衣服，独自静悄悄躺在小庙一角，让檐前点点滴滴愁人的雨声相伴，看到这种凄清寂寞景象，在场亲友忍不住人人热泪盈眶。

我是个从小遭受至亲好友突然死亡比许多人更多的人，经受过多种多样城里人从来想象不到的噩梦般生活考验，我照例从一种沉默中接受现实。当时年龄不到三十岁，生命中像有种青春火焰在燃烧，工作时从不知道什么疲倦。志摩先生突然的死亡，深一层体验到生命的脆弱倏忽，自然使我感到分外沉重。觉得相熟不过五六年的志摩先生，对我工作的鼓励和赞赏所产生的深刻作用，再无一个别的师友能够代替，因此当时显得格外沉默，始终不说一句话。后来也从不写过什么带感情的悼念文章。只希望把他对我的一切好意热忱，反映到今后工作中，成为一个永久牢靠的支柱，在任何困难情况下，都不灰心丧气。对人对事的态度，也能把志摩先生为人的热忱坦白和平等待人的稀有好处，加以转化扩大到各方面去，形成长远持久的影响。因为我深深相信，在任何一种社会中，这种对人坦白无私的关心友情，都能产生良好作用，从而鼓舞人抵抗困难，克服困难，具有向上向前意义。我近五十年的工作，从不断探索中所得的点滴进展，显然无例外都可说是这位朋友淳厚真挚友情光辉的反映。

人的生命会忽然泯灭，而纯挚无私的友情却长远坚固永在，且无疑能持久延续，能发展扩大。

图书在版编目（CIP）数据

我这一生：从文自传 / 沈从文著. —杭州：浙江
人民出版社，2024.9
ISBN 978-7-213-11368-0

Ⅰ．①我… Ⅱ．①沈… Ⅲ．①沈从文（1902-1988）
—自传 Ⅳ．① K825.6

中国国家版本馆 CIP 数据核字（2024）第 047786 号

我这一生：从文自传
WO ZHE YISHENG: CONGWEN ZIZHUAN
沈从文　著

出版发行	浙江人民出版社（杭州市拱墅区环城北路 177 号　邮编　310000）
责任编辑	钱　丛
责任校对	杨　帆
封面设计	所以设计馆
电脑制版	鸣阅空间
印　　刷	三河市中晟雅豪印务有限公司
开　　本	880 毫米 × 1230 毫米　1/32
印　　张	10
字　　数	250 千字
版　　次	2024 年 9 月第 1 版
印　　次	2024 年 9 月第 1 次印刷
书　　号	ISBN 978-7-213-11368-0
定　　价	55.00 元

如发现图书质量问题，可联系调换。质量投诉电话：010-82069336

出版说明

《我这一生：从文自传》是沈从文的一部散文体自传。

本书以沈从文的一生经历为时间线索，前 18 篇文章摘编了他的自传性文集《从文自传》，主要讲述了作者童年和青年时代在湘西的成长经历，记录了沈从文从童稚打架、逃学起笔，到入伍当小兵，复又弃军从文，上北京求学等一路颠沛流离的传奇故事，是而立之年的沈从文对自己人生前二十年上学经历、军中岁月和故乡记忆的总结。

从 20 世纪 30 年代后期至 60 年代，沈从文先后于昆明、北京等地任教和从事文物研究，本书后 16 篇为补足沈从文青年至晚年的心路历程，在为数不多的文学作品里挑选了记事、忆物、怀人的散文，来补全沈从文青年至晚年的心境，在他朴实文字里隐伏着伤怀悲痛，亦见证记录了大时代的变迁。

全书在完整收录沈从文原文的基础上，依照现代汉语标准对其中部分字词进行了修改，使之更符合读者的阅读习惯。